AMRYWIAITH 2

Llyfrau Llafar Gwlad

# AmrywIAITH 2
Blas arall ar dafodieithoedd Cymru

Guto Rhys

Argraffiad cyntaf: 2022

ⓗ Guto Rhys/Gwasg Carreg Gwalch

Cedwir pob hawl. Ni chaniateir atgynhyrchu unrhyw ran/rannau o'r gyfrol hon mewn unrhyw ddull na modd heb drefniant ymlaen llaw gyda'r cyhoeddwyr.

ISBN clawr meddal: 978-1-84527-852-6

ISBN elyfr: 978-1-84524-493-4

CYNGOR LLYFRAU CYMRU

Mae'r cyhoeddwr yn cydnabod cefnogaeth ariannol Cyngor Llyfrau Cymru

Cynllun clawr: Sion Ilar

Cyhoeddwyd gan Wasg Carreg Gwalch,
12 Iard yr Orsaf, Llanrwst, Conwy, LL26 0EH.
Ffôn: 01492 642031 Ffacs: 01492 641502
e-bost: llyfrau@carreg-gwalch.cymru
lle ar y we: www.carreg-gwalch.cymru

Argraffwyd a chyhoeddwyd yng Nghymru.

# Cynnwys

| | |
|---|---|
| Cyflwyniad | 10 |
| Llyfryddiaeth | 11 |
| Byrfoddau | 13 |
| Termau | 13 |
| Geirfa | 15 |
|     Cyflwyniad | 15 |
|     Angladd / Cynhebrwng / Claddedigaeth (LGW 231) | 17 |
|     Blaidd – dim blaidd yng Nghas-blaidd | 18 |
|     Bodiacha (BILLE 8) | 19 |
|     Bolio, bochio – *to bulge* | 19 |
|     Cadwyn Geiriau | 22 |
|     Camddealltwriaethau Tafodieithol | 22 |
|     *Chest of drawers* | 24 |
|     Clandro | 25 |
|     Clitoris | 25 |
|     Col haidd, cola – *beard of corn* | 26 |
|     Colio (gweler *colyn* hefyd) | 27 |
|     Colyn / cetyn / bachyn | 27 |
|     Colyn gwenyn – *stinger* | 29 |
|     Crac, blin, dig | 29 |
|     Cwyno, conan | 31 |
|     Cynganeddu anghyfiaith | 32 |
|     *Dandruff* | 34 |
|     Diffodd | 35 |
|     Dolur rhydd, y bib | 35 |
|     *Doorknob* | 38 |
|     Dyfrgi / dwrgi | 38 |
|     *Egg-cup* (ISF 81) | 39 |

| | |
|---|---|
| Enwau lleoedd | 39 |
| Ewythr, modryb | 42 |
| Fflachod, ffaga, ffagla | 43 |
| Glasrew, stania – *black ice* | 45 |
| Gorffen, dibennu, darfod, cwpla (LGW 112) | 45 |
| Gwaun / gweun | 47 |
| Gwd | 47 |
| Harddach / rheitiach: 'gweddus' | 48 |
| Iâ, rhew, barrug | 48 |
| Iafu, iau, afu (LGW 203) – *liver* | 50 |
| Llechwedd – ochr serth bryn | 51 |
| Lloegr a Lego | 51 |
| Llynwen (FWI 130) – *puddle* | 53 |
| Llwffian, sglaffio, llowcio, storgatsio – *to gobble* (GDD 190, WVBD 491) | 53 |
| *Linoleum* / orcloth | 54 |
| *Long ago* | 55 |
| Llefain, wylo, crio | 55 |
| Llefeleth, clem, obadeia (FWI 123, ISF 58, GDD 71) | 56 |
| Maddau (WVBD 359) | 56 |
| Masgl (FWI 130), plisgyn – *eggshell* | 56 |
| Mwydo, bwrw'i ffrwyth | 58 |
| Serch hynny – *Nevertheless* | 58 |
| Peilliaid (WVBD 417) | 59 |
| Pengrych (WVBD 424) | 59 |
| Pennill | 61 |
| Pibonwy – *icicles* (GDD 233, 245) | 62 |
| Picwd | 62 |
| Piod | 63 |
| Prydau | 63 |

| | |
|---|---|
| *Pull faces, sulk* (eto) | 63 |
| Rhewi | 64 |
| Rhwng | 64 |
| Sgeg (ADP 124) – *jolt* | 67 |
| *Shelling eggs* (gweler *masgl* hefyd) | 67 |
| Trontol, dryntol (FWI 139, GDD 117) | 67 |
| Wy Dau Felynwy | 68 |
| Tost, sâl | 68 |
| Sglentio | 69 |
| Sgraffinio, sgriffio, sgathru (WVBD 487) – *to graze the skin* | 70 |
| *Slow-worm* | 70 |
| *Spring clean* | 71 |
| Tanllwyth | 71 |
| Teisen / cacen | 71 |
| Termau newydd | 72 |
| Trafaelus (BILlE 42) | 73 |
| Tywysen – *ear of corn* | 74 |
| *Underpants* (GDD 117) | 74 |
| Whilibawan (FWI 141) | 75 |
| Ysgyfaint | 75 |
| Diolchiadau | 77 |

# Cyfres Llyfrau Llafar Gwlad – rhai teitlau

58. CACWN YN Y FFA
    Ysgrifau Wil Jones y Naturiaethwr; £5
59. TYDDYNNOD Y CHWARELWYR
    Dewi Tomos; £4.95
60. CHWYN JOE PYE A PHINCAS ROBIN – ysgrifau natur
    Bethan Wyn Jones; £5.50
61. LLYFR LLOFFION YR YSGWRN, Cartref Hedd Wyn
    Gol. Myrddin ap Dafydd; £5.50
62. FFRWYDRIAD Y POWDWR OIL
    T. Meirion Hughes; £5.50
63. WEDI'R LLANW, Ysgrifau ar Ben Llŷn
    Gwilym Jones; £5.50
64. CREIRIAU'R CARTREF
    Mary Wiliam; £5.50
65. POBOL A PHETHE DIMBECH
    R. M. (Bobi) Owen; £5.50
66. RHAGOR O ENWAU ADAR
    Dewi E. Lewis; £4.95
67. CHWARELI DYFFRYN NANTLLE
    Dewi Tomos; £7.50
68. BUGAIL OLAF Y CWM
    Huw Jones/Lyn Ebenezer; £5.75
69. O FÔN I FAN DIEMEN'S LAND
    J. Richard Williams; £6.75
70. CASGLU STRAEON GWERIN YN ERYRI
    John Owen Huws; £5.50
71. BUCHEDD GARMON SANT
    Howard Huws; £5.50
72. LLYFR LLOFFION CAE'R GORS
    Dewi Tomos; £6.50
73. MELINAU MÔN
    J. Richard Williams; £6.50
74. CREIRIAU'R CARTREF 2
    Mary Wiliam; £6.50

75. LLÊN GWERIN T. LLEW JONES
   Gol. Myrddin ap Dafydd; £8.50
76. DYN Y MÊL
   Wil Griffiths; £6.50
78. CELFI BRYNMAWR
   Mary, Eurwyn a Dafydd Wiliam; £6.50
79. MYNYDD PARYS
   J. Richard Williams; £6.50
80. LLÊN GWERIN Y MÔR
   Dafydd Guto Ifan; £6.50
81. DYDDIAU CŴN
   Idris Morgan; £6.50
82. AMBELL AIR
   Tegwyn Jones; £6.50
83. SENGHENNYDD
   Gol. Myrddin ap Dafydd; £7.50
84. ER LLES LLAWER – Meddygon Esgyrn Môn
   J. Richard Williams; £7.50
85. CAEAU A MWY
   Casgliad Merched y Wawr; £4.99
86. Y GWAITH A'I BOBL
   Robin Band; £7.50
87. LLÊN GWERIN MEIRION
   William Davies (gol. Gwyn Thomas); £6.50
88. PLU YN FY NGHAP
   Picton Jones; £6.50
89. PEN-BLWYDD MWNCI, GOGYROGO A CHAR GWYLLT – Geiriau a Dywediadau Diddorol
   Steffan ab Owain; £6.50
90. Y DYRNWR MAWR
   Twm Elias ac Emlyn Richards; £7.50
91. CROESI I FÔN – Fferïau a Phontydd Menai
   J. Richard Williams; £8.50
92. HANES Y BACO CYMREIG
   Eryl Wyn Rowlands; £8
93. ELIS Y COWPER
   A. Cynfael Lake; £8
94. AMRYWIAITH
   Dr Guto Rhys; £7.50

# Cyflwyniad

Yn dilyn llwyddiant y llyfr cyntaf dyma ni bellach yn cyrraedd yr ail yn y gyfres. Bu'r cyfnod ers cyhoeddi'r cyntaf yn un da i'r grŵp Facebook *Iaith*, gan mai o hwn y daw'r rhan fwyaf o'r wybodaeth a'r sylwadau yma. Rhaid cychwyn felly trwy ddiolch i'r miloedd o bobol o Gymru benbaladr sy wedi bod yn cyfrannu a thrafod, a hynny'n hwyliog a bonheddig. Da gweld bod aelodaeth y grŵp yn cynyddu o hyd, a bod bellach dros 12,900 ohonon ni yno.

Yr un yw amcan y llyfr hwn, sef casglu gwybodaeth am Gymraeg llafar dechrau'r unfed ganrif ar hugain. Ar ôl crynhoi a thrafod yr hyn a nododd yr aelodau, byddaf yn rhoi tipyn o wybodaeth ychwanegol am y geiriau, eu tarddiad, newidiadau yn eu hystyron a'r geiriau cytras mewn ieithoedd eraill. Mae'r wybodaeth yma yn dod o lyfrau ysgolheigaidd ar y pynciau perthnasol, ac maen nhw i'w gweld yn y llyfryddiaeth. Mae seren (asterisg) o flaen gair, e.e. *garjo-, yn dangos mai ffurf ddamcaniaethol yw, wedi'i seilio fel arfer ar dystiolaeth dda a chymariaethau ag ieithoedd eraill.

Ar ôl llunio'r drafodaeth, ailbostiais bob eitem gan holi am sylwadau pellach. Y gobaith yw bod yma gyfle i gywiro, mireinio ac i aelodau newydd ychwanegu eu tamaid. Rhaid cofio, er hyn, nad gwaith academaidd swyddogol yw hwn, ond ymgais ddiffuant i gofnodi a thrafod. Un peth sydd yn gynyddol amlwg yw cymaint o gymysgu tafodieithol sydd erbyn hyn. Prin yw'r bobol sydd ond â phrofiad o'u milltir sgwâr. Mae pawb erbyn hyn yn cymdeithasu'n eang ac yn teithio, ac rydym yn darllen, yn gwylio ac yn gwrando ar dafodieithoedd eraill ar y cyfryngau torfol. Mae cofnodi'r newid hwn hefyd yn un o'r amcanion.

Mawr yw fy niolch i Phil Brake a Geraint Løvgreen am brawfddarllen y gwaith a chynnig llu o welliannau. Myfi yn unig sy'n gyfrifol am unrhyw wallau sy'n aros. Diolch hefyd unwaith eto i bawb a gyfrannodd. Mae eich enwau yng nghefn y llyfr i gydnabod eich gwybodaeth a'ch brwdfrydedd.

# Llyfryddiaeth

Nodaf yma y prif lyfrau a gweithiau a ddefnyddiwyd. Maent yma rhag ofn y carai rhai ohonoch ymchwilio ymhellach a sicrhau bod rhyw goel ar yr hyn a honnaf. Os nad oes arnoch awydd turio'n ddyfnach gobeithiaf y gallwch anwybyddu'r byrfoddau achlysurol sy'n digwydd yng nghorff y gwaith.

**AHD** – WATKINS, C. 2000. *The American Heritage Dictionary of Indo-European Roots*, Boston, New York, Houghton Mifflin Company.
**AMR** – Archif Melville Richards.
http://www.e-gymraeg.co.uk/enwaulleoedd/amr/cronfa.aspx
**BILLE** – JONES, B. L. 1987. *Blas ar Iaith Llŷn ac Eifionydd*, Llanrwst, Gwasg Carreg Gwalch.
**BLITON** – *Brittonic Language in the Old North* (Alan James, 2017)
https://spns.org.uk/resources/bliton
**CODEE** – HOAD, T. F. 1993. *The Concise Oxford Dictionary of English Etymology, Oxford*, Oxford University Press.
**DCCPN** – FALILEYEV, A. 2010. *Dictionary of Continental Celtic Place-Names*, Aberystwyth, Cambrian Medieval Celtic Studies.
**DLG** – DELAMARRE, X. 2003. *Dictionnaire de la langue gauloise*, Paris, Editions Errance.
**EDPC** – MATASOVIĆ, R. 2009. *Etymological Dictionary of Proto-Celtic*, Leiden & Boston, Brill.
**EGOW** – FALILEYEV, A. 2000. *An Etymological Glossary of Old Welsh*, Bonn, Niemeyer.
**GDD** – MORRIS, M. 1910. *A Glossary of the Demetian Dialect of North Pembrokeshire (With Special Reference to the Gwaun Valley)*, Tonypandy, Evans & Short.
**GPC** – *Geiriadur Prifysgol Cymru*
http://welsh-dictionary.ac.uk/gpc/gpc.html
**IEW** – POKORNY, J. 1959. *Indogermanisches etymologisches Wörterbuch*, Bern. https://indo-european.info/pokorny-etymological-dictionary/index.htm
**ISF** – JONES, B. L. 1983. *Iaith Sir Fôn*, Dinbych, Llygad yr Haul.
**LEIA** – VENDRYES, J., BACHELLERY, E. & LAMBERT., P.-Y. 1959. *Lexique étymologique de l'irlandais ancien*, Dublin, Dublin Institute for Advanced Studies.

**LGW** – THOMAS, A. R. 1973. *Linguistic Geography of Wales: Contribution to Welsh Dialectology*, Cardiff, University of Wales Press.
**NDEH** – DUBOIS, J., MITTERAND, H. & DAUZAT, A. 1971. *Nouveau Dictionnaire Étymologique et Historique*, Paris, Larousse.
**NPC** – DELAMARRE, X. 2007. *Noms de Personnes Celtiques dans L'Épigraphie Classique*, Paris, Editions Errance.
**OED** – *Online Etymological Dictionary*
https://www.etymonline.com/word/kiss#etymonline_v_44022
**WVBD** – FYNES-CLINTON, O. H. 1913. *The Welsh Vocabulary of the Bangor District*, Oxford, Oxford University Press.
https://archive.org/details/welshvocabularyooofyneuoft/page/n1

# Byrfoddau

**PIE** – Proto-Indo-Ewropeg (yr iaith y deillia'r Gymraeg, y Saesneg, y Gwrdeg, Lladin, Hindi, Groeg ac ati, ohoni)

# Termau

**acennog** – lle disgyn yr acen bwys e.e. *cynnig* ond *cynigiais*. Fel arfer mae'n disgyn ar y goben yn Gymraeg.

**affeithiad** – lle ymdebyga un llafariad i un arall yn yr un gair e.e. *llanc* ond *llencyn*.

**ansoddair** – gair disgrifio e.e. *mawr, anystywallt, pinc, dafyddapgwilymaidd*.

**atalsain** – sain sy'n cael ei wneud ag ychydig o ffrwydrad, e.e. *b, d, g, p, t, c*.

**bannod** – y gair 'y' e.e. *y sosban, y gwaith*. Dim ond bannod benodol sydd yn y Gymraeg. Yn y Saesneg ceir bannod benodol a bannod amhenodol *the obelisk, an obelisk*.

**benywaidd** – yn y Gymraeg ceir cenedl *benywaidd* a chenedl *gwrywaidd*. Mae ffurfiau benywaidd unigol yn treiglo ar ôl *y* (y ferch, y genedl), yn peri treiglad i ansoddair sy'n dilyn (cath fawr, gwlad gyfoethog) a defnyddir *dwy, tair* a *pedair* â nhw (dwy fam, tair cerdd, pedair afon).

**berfenw** – gair sy'n dynodi gwneud rhywbeth e.e. *cysgu, drwgdybio, sgrechian*.

**camrannu** – e.e. yn Saesneg troi '*a nadder*' yn '*an adder*'. Meddwl bod rhaniad mewn ymadrodd mewn lle gwahanol i'r lle hanesyddol.

**cenedl** – *benywaidd* a *gwrywaidd* mewn gramadeg. Dwy genedl enw sydd yn y Gymraeg e.e. *y ddynes* ond *y dyn, dwy lori* ond *dau gar*.

**cyfansoddair** – gair wedi'i wneud o fwy nag un gair e.e. *cyfansoddair* (cyfansawdd+gair), *hirben* (hir+pen).

**cynffurf** – hen ffurf ar air. Ffurf ddamcaniaethol yw wedi'i seilio ar ei gymharu ag ieithoedd eraill, tystiolaeth fewnol iaith, hen arysgrifau, ffurfiau a fenthyciwyd o ieithoedd eraill ac ati e.e. *\*damatā* am *dafad*. Nodir y rhain ag asterisg *.

**cytras** – o'r un tarddiad e.e. *cath* yn Gymraeg a *kazh* yn Llydaweg, neu *finistra* (Eidaleg) a *fenêtre* (Ffrangeg).

**dadfathiad** – pan fo un o ddwy sain debyg yn ymwahanu oddi wrth ei gilydd e.e. *camfa > camdda*. Mae *f* a *dd* yn seiniau a wneir mewn lle agos yn y geg.

**deuol** – mewn nifer o ieithoedd ceir *unigol, lluosog* a hefyd *deuol*. Mae hwn fel arfer yn cyfeirio at bethau sy'n digwydd mewn parau fel llygaid, coesau. Gwryw yw 'dau', wrth reswm, ond mae hefyd yn ddeuol ac mae'r rhif deuol yn treiglo yn y Gymraeg, ac yn peri treiglo, *y ddau ddyn*.

**deusain** – sain mewn un sillaf sy'n cynnwys dau lafariad, lle bo un yn symud i'r llall e.e. *aw, ei, wy, we*.

**diacen** – lle nad oes pwyslais mewn gair. Fel arfer ar y goben y mae'r acen bwys yn y Gymraeg, felly mae'n symud os ychwanegir sillaf at y diwedd e.e. *colled, colledion*. Mae'r sillafau eraill felly yn ddiacen.

**dileisio** – Mae rhai seiniau yn lleisiol e.e. *b, d, g*, hynny yw mae rhyw hymio yn y gwddf wrth eu gwneud. Y ffurfiau dilais cyfatebol yw *p, t, g*. Dan rai amgylchiadau bydd yr hymio hwn yn peidio, a dyma yw 'dileisio' e.e. *tad* ond *ei that hi* mewn llawer o dafodieithoedd.

**ffrithiol** – 'fricative', cytsain sy'n cael ei chreu heb ffrwydrad, hynny yw sain y gallwch ei hynganu yn hir, fel *ch, dd, th, ff, f*.

**glos** – gair neu nodiad wedi ei sgrifennu ar ymyl tudalen neu rhwng y llinellau i egluro rhywbeth yn y testun.

**goben** – y sillaf olaf ond un e.e. *sillaf, sillafau*.

**gorgywiro** – Meddwl bod rhywbeth yn anghywir pan nad yw, a'i gywiro yn ddiangen e.e. tybio mai ffurf anghywir o *llef* yw *lle* ac adfer (camadfer mewn gwirionedd) yr *f* yn y lluosog *llefydd*.

**gwefusol** – seiniau a wneir â'r gwefusau e.e. *p, b, ff, f, w*.

**isoglos** – Llinell sy'n dynodi terfyn daearyddol (weithiau amseryddol) nodwedd ieithyddol neilltuol. Mae isoglos rhwng *ma's* ac *allan* ychydig i'r de o Afon Dyfi.

**lluosill** – mwy nag un sillaf e.e. *dafad, cyfrifiadur, Pwllgwyngyll*.

**lluosog** – mwy nag un e.e. *defaid, tai, cysgodion, afalau*.

**orgraff** – y ffordd o sillafu geiriau, e.e. yn orgraff y Wladfa defnyddid *v* yn aml, e.e. *Y Wladva*.

**rhagddodiad** – geiryn bach sydd ddim yn digwydd ar ei ben ei hun, ond y gellir ei roi o flaen gair arall i ffurfio gair newydd, e.e. *di-* yn *diniwed*, *gor-* yn *gorfwyta*, *an-* yn *annymunol*.

**terfyniad** – geiryn bach sydd ddim yn gwneud synnwyr ar ei ben ei hun ond y gellir ei roi ar ddiwedd gair arall i newid yr ystyr e.e. *gwisg - gwisgo, banana – bananas, meddw – meddwol*.

**trawsosod** – sain yn newid lle mewn gair e.e. 'pyrnu' am 'prynu' ym Môn

**ymwthiol** – sain sy'n ymddangos rhwng clwstwr o seiniau a all fod yn anodd eu hynganu e.e. *pobl > pobol, llyfr > llyfyr*.

**ynganiad** – *pronunciation*, y ffordd y caiff gair ei ddweud.

# Geirfa

## Cyflwyniad

Ar y cyfan cadwaf at y ffurfiau a noda'r cyfranwyr, ond weithiau byddaf yn cysoni amrywiadau fel *co'd* a *côd* (coed). Weithiau nodir y gair Saesneg fel pennawd gan mai trafod amrywiadau'r Gymraeg yw'r amcan yma, ac fel arall, byddai'n rhaid dewis o blith sawl pennawd posibl. Os ydych am ddeall y byrfoddau sydd yn digwydd yma, cofiwch edrych ar yr adran honno uchod.

Yma ac acw byddaf yn nodi hen ffurfiau ar eiriau er mwyn ceisio taflu ychydig o oleuni ar eu hanes. Os gwelwch asterisg o flaen gair mae'n golygu mai gair damcaniaethol wedi'i ail-lunio gan arbenigwyr yw, e.e. *\*kukko-* (cwch). Os ydych am ddeall ynganiad a ffurfiau'r fath eiriau mae arnaf ofn y byddai'n gofyn tipyn o adolygu a phori mewn llyfrau dwys. Mae Google a Wici o gymorth mawr yn hyn o beth.

Saif *PIE* am *Proto-Indo-Ewropeg* sef mamiaith dwsinau o ieithoedd, gan gynnwys y Gymraeg, Saesneg, Lladin, Groeg, Cwrdeg, Sansgrit, Albaneg, Hindi ac ati. Mae arbenigwyr heddiw yn damcanu y siaredid yr iaith hon ryw bum mil o flynyddoedd neu ragor yn ôl, rywle rhwng Lithwania a Khazakhstan. Mae yna drafodaeth arbennig o dda ar Wici.

Y ffin, yn fras iawn, rhwng y Gogledd a'r De yw Afon Dyfi, ond fel y rhan fwyaf o isoglosau, ffin niwlog yw ac un sy'n dueddol o symud yn nhreigl amser. Pan welwch gyfeirio at iaith y Gogs neu'r Hwntws mae angen cofio mai rhyw fras ddiffiniad yw. Mae clwstwr trwchus o isoglosau yn mynd trwy Dalybont, tipyn bach i'r De o Afon Dyfi. Mae'r Cardis yn teimlo bod yr iaith yn dechrau newid yr ochr draw i Dalybont, hynny yw cyn Machynlleth.

Rhaid cofio hefyd nad oes cysondeb o ran oed y cyfranwyr, gyda rhai dros eu pedwar ugain a nifer yn iau nac ugain. Gwaetha'r modd prin yw'r cyfranwyr o ambell ardal. Casgliad brith yw mewn sawl ffordd. Gwahoddaf gywiriadau ac ychwanegiadau, i'w cyhoeddi yn y gyfrol nesaf.[1]

Nid dyma'r gair olaf o bell ar yr holl faterion hyn, ond gobeithio bod yma rywfaint sydd o ddiddordeb ac efallai o werth. Rhaid pwysleisio nad astudiaeth ysgolheigaidd, ddwys a dibynadwy sydd yma ond casgliad o anecdotau. Gwnaethpwyd pob ymdrech i sicrhau bod yr hyn a nodwyd yn ddilys ac yn ddibynadwy.

---

[1] Ceir adolygiad yma, un sy'n cynnig nifer o sylwadau gwerthfawr ac ychwanegiadau : REES, I. W. 2022. Adolygiad o: AmrywIAITH: Blas ar Dafodieithoedd Cymru, Llanrwst: Gwasg Carreg Gwalch, 2020. *Journal of Celtic Linguistics*, 22, 193-99.

Dros hanner can mlynedd yn ôl cyhoeddwyd *The Linguistic Geography of Wales*, astudiaeth sy'n llawn o gannoedd o fapiau yn dangos dosbarthiad geiriau. Prin yw'r wybodaeth am amrywiadau yn yr ynganiad a phrinnach fyth yw'r wybodaeth am forffoleg berfau neu dreiglo [ie wir! eisiau gweithio ar hyn!], ymysg pethau eraill. Mae'r tafodieithoedd wedi newid rhywfaint erbyn hyn, gyda newidiadau mewn cymdeithas ers chwedegau'r ganrif ddiwethaf, ond gobeithiaf y bydd y trafodaethau isod yn fodd o lenwi ambell fwlch, i drafod materion eraill ac i hyrwyddo diddordeb yn y Gymraeg.

## Angladd / Cynhebrwng / Claddedigaeth (LGW 231)

Yng nghanol yr ugeinfed ganrif roedd dosbarthiad y geiriau hyn yn ddyrys iawn, gyda llawer iawn o ardaloedd yn nodi dwy, neu hyd yn oed tair neu bedair ffurf. Mae'r map yn *The Linguistic Geography of Wales* yn dipyn o gybolfa. Yn y gogledd-orllewin, o Ddolgellau i Hiraethog, *cynhebrwng* oedd y ffurf fwyaf cyffredin, ond gydag *angladd* yn digwydd yn gyffredin iawn hefyd. *Angladd* sy'n arferol yng ngweddill y wlad. Digwydd *claddu* ar ei ben ei hun yma ac acw hefyd. Mae *claddedigaeth* yn britho'r holl ardal i'r gorllewin o Ddyffryn Conwy, ac mae'n digwydd ym Mhenllyn ac ym Maldwyn. Nodwyd yr ynganiad *anglodd* ym Morgannwg.

Erbyn hyn, ac nid yw pethau wedi newid yn drawiadol nac wedi safoni'n ormodol – *angladd* sy'n arferol yn y De ac amrywiadau ar *cynhebrwng* yn y Gogledd. Yn Sir Benfro ac ardaloedd cyfagos *angla* yw'r ffurf sydd ar lafar. *Cnebrwn(g)* a ddywedir yn Llŷn, *cnebrwn* ym Môn a'r cylch, ond mae cryn dipyn o amrywio. Yn Nyffryn Banw try *claddedigaeth* yn *clieth* a *cligieth* yn Rhosllannerchrugog. Serch hyn, y gwir yw bod sawl ffurf yn gyfarwydd ledled y gogledd erbyn hyn oherwydd bod pobol yn symud o un lle i'r llall a bod dylanwad y cyfryngau yn eang iawn. Dim ond tri a nododd bod *anglodd* yn fyw o hyd, yn y Rhondda ac yng Nghwm Cynon.

Yn Aber-erch nododd un beiciwr enwog 'angladd am y claddu a cnebrwn am *cortege*'. Yn Ystalyfera nodwyd mai'r *cynhebrwng* yw'r gwasanaeth cyn yr angladd. Mae'n debyg mai dyma'r sefyllfa wreiddiol, ond bod *cynhebrwng* wedi dechrau disodli *angladd* mewn llawer o leoedd. Dyma hefyd yw'r sefyllfa a nodwyd yn Nyffryn Camwy yn y Wladfa, gyda dau air gwahanol. Nododd sawl un fod mwy nag un ffurf o fewn y teulu. Mae *angladd* a *cnebrwn(g)* yn dal i ymladd yn erbyn ei gilydd yn y Gogledd. Diolch i'r cyfryngau torfol, a chyrsiau, y ffurf sy'n safonol ymysg dysgwyr y De yw *angladd*. Felly, tan yn weddol ddiweddar, mae'n debyg mai'r weithred o *hebrwng* y corff oedd *cynhebrwng*, a hwnnw'n arwain at y claddu diweddarach, yr angladd.

Yr un bôn sydd yn *angladd* ag yn *claddu*. Daw hwn o'r Gelteg \*klad- 'tyllu, claddu', o'r gwreiddyn PIE \*$kelh_2$- 'taro, torri'. Dyry'r bôn hwn y gair *clawdd* hefyd. Mae'n debyg bod *cynhebrwng* yn tarddu o *cant-*, sef hen ffurf 'gan'. *Hebrwng* yw'r ail elfen, wrth gwrs, ac mae hwn yn cyfateb i *hembronk* 'arwain' yn y Gernyweg ac *ambroug* yn y Llydaweg. Mae tarddiad y rhan gyntaf yn ansicr, tra bo'r ail ran (brwng) yn cyfateb yn hanesyddol i'r Saesneg '*bring*'.

## Blaidd – dim blaidd yng Nghas-blaidd

Dyma a sbardunodd y drafodaeth hwyliog hon: 'Does na fawr o bant ym Mhant-glas, ger Pen-y-groes, erbyn hyn. Mwy o dolc na dim arall. Erbyn meddwl does dim blaidd yng Nghas-blaidd chwaith na fawr o geffylau yn Rhos-y-meirch, Môn.' Dyma ddetholiad o'r cyfraniadau smala, gydag ambell eglurhad.

- *Dim blaidd yng Nghas-blaidd*. Ffurf ar cas(*tell*) yw cas. Mae sawl posibilrwydd gyda tharddiad *blaidd* ond mae'n sicr ei fod yn cyfateb i'r Wyddeleg '*bled*' (bwystfil [y môr]). Mae'n debyg inni golli'r gair hanesyddol am flaidd ac mai 'y bwystfil' a orfu yn y diwedd. Y term am hyn yw 'disodli tabŵ', ac mae'n gyffredin gyda rhai anifeiliaid... a phethau annymunol iawn fel 'nymbar 2'.
- *Does dim llawer o yfed ym Maesyfed*. O maes a'r enw personol Hyfaidd ('dewr iawn') y daw.
- *Does dim bangor ym Mangor*. Yn wreiddiol gair am y ffon fawr ar ben clwyd oedd hwn, er mwyn ei sadio. Mae'r gair ar lafar ym Môn am ffon fawr i yrru gwartheg. Roedd yn hysbys hefyd yn Nantgarw tan yn ddiweddar, am y pren a roddid ar frig gwrych ar ôl ei blygu.
- *Prinder medd yn Llannerchymedd*. Lle wedi ei glirio, fel mewn coedwig yw *llannerch*. Mae'n digwydd yn yr Hen Ogledd hefyd, o'r cyfnod pan siaredid math o Gymraeg yno. Dyna yw *Lanark*. Mae'n digwydd hefyd yn enw priordy Awgwstinaidd *Lanercost* yn Cumbria. Sefydlwyd y priordy gan Robert de Vaux tua 1169, ac mae'n ymddangos bod yr *-ost* yn ffurf ar Awst, enw'r urdd fynachaidd. Os felly byddai hyn yn awgrymu bod y Gwmbreg yn ddigon byw i fathu enw lle pwysig tua diwedd y ddeuddegfed ganrif. Y gair Cymraeg am '*mead*' yw *medd*, sef diod felys a gaiff ei wneud o fêl. Daw o wreiddyn PIE sy'n golygu 'mêl, diod felys'. Rhoddodd hwn ran gyntaf y gair Rwsieg *medved*', sy'n golygu arth, anifail sy'n enwog am fwyta mêl [yr etymoleg yw *med* 'medd' + *ved*' 'bwyta' – '*meddfwytwr*']. O'r gair hwn y daeth cyfenw cyn brifweinidog Rwsia, Dmitry Medvedev. Ni wyddom pam y mae'r pentref yn dwyn yr enw hwn. Efallai y bu yno gychod gwenyn i wneud medd, ond dyfalu pur yw hyn.
- *Welais i rioed yr un wy yn Conwy, chwaith. Con ydy o*. Daw enw'r afon o'r un elfen ag yn *gogoniant*, sef *cawn* a'r ystyr yw rhywbeth fel 'trawiadol, grymus'. Mae'n wir ei bod yn afon rymus a gogoneddus.
- *Dim sôn am pants yn Pantsod, Synod Inn* (Post-mawr). Pant-y-soden yw'r enw llawn. Y *Soden* yw enw'r nant gerllaw.

- *Dim buch yn Ninbych*. Yr elfen *bych(an)* sydd yma, a'r ystyr yw 'caer fechan'.
- *Dim gŵydd grug yn Yr Wyddgrug*, yn crochlefain. O gŵydd+crug y daw, sef 'bryncyn y mae golwg ohono' neu 'fryncyn amlwg'. Gellid cymharu hyn ag enwau fel Twtil (toot-hill). Yr un elfen sydd yn *Yr Wyddfa*, a *Gwyddgrug* yn Sir Gâr.
- *Sdim arth yn Llanfihangel-ar-arth* nac ar ben y Gogarth – ond mae 'na gog yno. Mae'n debyg bod Afon Arth yn un o'r enwau afonydd hynny sy'n dwyn enw anifail, fel afonydd *Teirw a Brân*. Daw *Gogarth* o *gogerdd*, gyda'r un elfen ag yn *cerdded*. Rhywbeth fel 'gris, stepen' yw'r ystyr, ac mae'n cyfeirio at y terasau amlwg a welir arno.
- *Dim bra ym Mroncysyllte*. Bryncyn crwn yw *bron*, a lluosog *cyswllt* yw'r ail ran, ond ni wn at beth mae'n cyfeirio.
- *Tydy Mynydd Parys ddim yn Parys*. Un cynnig yw mai ar ôl Robert Parys y'i henwyd, sef un o gomisiynwyr archwiliad a drefnwyd yn ystod teyrnasiad Harri IV (1399-1413) er mwyn pennu dirwyon y gwrthryfelwyr a gefnogodd Owain Glyndŵr.
- *Mwy na thri llo yn Llandrillo*. Enw sant yw Trillo, ond mae tarddiad yr enw personol yn ansicr iawn.
- A neb yn sôn am beth sydd ar goll o bentref Penisa'r-waun. 'Pen isaf y waun' yw wrth gwrs.

## Bodiacha (BILLE 8)

Nodwyd y gair hwn yn Nwyfor, sef trin a thrafod hefo bys a bawd, ond mae'n ymddangos bod y gair hwn wedi llithro o'n cof ar wahân i un a nododd y ferf bodiach. Nodwyd hefyd fod bodio ar lafar yn yr un ardal, ac mae hwn yn ddigon cyffredin o Fôn i Fynwy. Byseddu yw'r gair mwyaf cyffredin, gyda dobian ar lafar yng ngogledd Sir Benfro.

## Bolio, bochio – *to bulge*

Meddyliwch am hen wal gerrig neu frics a honno, ar ôl traul y blynyddoedd, wedi dechrau colli ei ffurf nes i'r canol ymwthio allan yn grwn braidd. Beth yw'r gair am hyn? Ym Môn ac Arfon y ffurf arferol yw *bochio*, neu *bochio allan*. Yn Nwyfor caiff y gair hwn ei ddefnyddio am ddilledyn sydd ddim yn ffitio'n dda iawn, e.e. *blows yn bochio*. Gall *bochio* hefyd olygu *bwyta'n farus*, ac mae trafodaeth am hwnnw hefyd yn y llyfr hwn. Yng ngweddill y Gogledd *bolio* yw'r gair mwyaf cyffredin, gyda'r ddau air yn cyd-fyw yn Nwyfor.

Mae GPC yn darparu'r enghreifftiau hyn: 'Ma ise cadw llygad ar y wal 'na, mae'n dechre bolio mas' (canolbarth Ceredigion), a *dram* wedi *bolio*, sef 'dram y gwthiwyd ei hochrau allan gan bwysau'r top ar y glo a safai uwchben ymylon y ddram' (Sir Gaerfyrddin, *Geirfa'r Glöwr* 102). Am *bochio* mae'n nodi 'yn taflu allan (am wal sy'n llacio ac yn gwegian)', 'Ma'r wal na'n bochio', (Môn); 'Mae'r wal yn bochio allan' (ardal Bangor) a 'Bydd yn ofalus, mae'r llyfr 'na'n bocho mas o'r bag' (Ceredigion).

Mae sawl gair yn y De. Cawsom *bowan* yng Nghapel Newydd, *bwljo* yn Eglwyswrw, *byljo* yng Nghwm-twrch a *bwâu* yn Llangennech. Yng Nghwm Gwendraeth dywedir bod *bola yn y wal*. Mae *bolio* neu *bolo* (Bancffosfelen) hefyd yn gyfarwydd i rai. Yn ardal Llambed ceir *bwcho*.

O'r Saesneg wrth gwrs y daw *bwljo* a *byljo*. Mae tipyn mwy o Gymreigio ar y cyntaf. Y syniad gyda *bochio* yw ei fod yn ymdebygu i foch (yn llawn o fwyd). Mae'n debyg bod *boch* yn tarddu o'r Lladin *bucca*. Os felly digwyddodd nifer o newidiadau. Yn gyntaf fe'i haddaswyd i'r ffurf Frythonig \**bukkā*. Yn ail fe wnaeth yr -*ā* affeithio'r *u* (a seinid fel *w* yn y Gymraeg) a'i throi yn o, gan roi \**bokkā*. Y cam nesaf mae'n debyg oedd i'r *kk* gael ei symleiddio i \**bokā*. Yn fuan wedyn newidiodd i \**boxā* (treiglad llaes [*x* = *ch* Cymraeg]). Tua'r bumed i'r chweched ganrif bu newidiadau ysgytwol yn yr iaith gan droi'r Frythoneg, oedd yn iaith debyg i Ladin, yn iaith oedd yn debycach i'r Gymraeg. Un o'r newidiadau mwyaf trawiadol oedd colli'r terfyniadau gramadegol. Roedd yr hen Frythoneg ar y pryd fel Lladin yn meddu ar lawer iawn o derfyniadau cyflyrol (e.e. enwol, goddrychol, genidol, dadiol [arddodiadol]). Pan digwyddodd y newidiadau mawr hyn, a phan gollwyd y terfyniadau, cafwyd y ffurf \**box*. Rhywbeth arall a ddigwyddodd yn y cyfnod terfysglyd ac ôl-Rufeinig hwn oedd i lafariaid fynd yn hir cyn un gytsain unigol, ac felly, erbyn diwedd y chweched ganrif, roedd gennym \**bo:x* gydag o hir, sef ein gair ni heddiw. Mae'n eithaf posib i hyn ddigwydd oherwydd dylanwad Lladin Llafar Hwyr, rhyw iaith debyg i Sbaeneg neu Eidaleg, ac iaith oedd yn gyffredin iawn ymysg y Brythoniaid. Un ddamcaniaeth ddeniadol yw bod nifer o nodweddion pwysig y Gymraeg wedi datblygu oherwydd i siaradwyr yr iaith hon orfod mabwysiadu y Frythoneg fel oedolion a throsglwyddo cryn dipyn o'u hacen nhw i'w plant. Os ydych chi wedi llwyddo i ddarllen mor bell â hyn, llongyfarchiadau. A dyna ni wedi cael cyflwyniad i enedigaeth yr ieithoedd Brythonig â hanes un gair. A chan ein bod yn sôn am *boch* fel rhywbeth sy'n bochio, dyma sy'n egluro'r enw lle *Y Fochriw*. Y rhiw neu'r allt sy'n bochio yw. Does a wnelo fo ddim â moch!

Beth felly am *bolio*? Wel, mae hwn yn air diddorol arall! Diddorol, os ydych chi fel fi wrth eich boddau gydag ieithoedd a'u hanes. Y ffurf mewn Hen Gymraeg oedd *bolɣ Mae'r llythyren ar y diwedd yn cyfeirio at sain sydd rhwng *g* ac *ch*. Rhyw *ch* heb lawer o sŵn iddi, os mynnwch chi. I'r rhai ohonoch sy'n siarad Sbaeneg mae'r sain hon yn *pagar* a *Segovia*. Digwyddodd dau beth i'r /ɣ/ hwn. Yn y Gogledd fe'i collwyd yn gyfangwbl gan roi *bol*. Yn y De trodd yn *-y*, ac wedyn yn *a*, gan roi *bola*. Ond arhoswch am funud chwi Gogs oherwydd mae olion y sain hon yn eich tafodiaith chi hefyd. Dyna yw'r *-i-* sydd yn *bolio* a *boliau*.

Yn y bôn gallai *bol* gyfeirio at unrhyw beth oedd yn chwyddo. Mae'r gair i'w weld yn Talybolion ym Môn. Yr ystyr yma yw cnyciau neu fryniau bychain crwn yr olwg. Does wnelo fo ddim ag ebolion fel yr honna ail gainc y Mabinogi. O'r Gelteg *bolg- y daw, a hwn yn ei dro o'r gwreiddyn Proto-Indo-Ewropeg *$b^hel$- 'chwyddo'. Mewn rhai cyd-destunau gramadegol y ffurf fyddai *$b^hol$-, ond nid dyma'r lle i fynd ar ôl y manylion hyn. Gydag estyniad bach cawsom y ffurf *$b^holg^h$-, ac rydych eisoes yn gyfarwydd ag ambell air arall sy'n tarddu o hwn... y geiriau Saesneg *belly* a *bellows*. Os edrychwn ni ar y bôn *$b^hel$- mae llu o eiriau'n deillio ohono. Dyma ichi'r gair Saesneg *bale* am becyn mawr o rywbeth, a fenthycon ni fel *bêl*. Un arall yn yr iaith fain yw *ball* 'pêl'.

Mae'r gwreiddyn *bolg- i'w weld yn Lladin Gâl hefyd sef *bulga* 'cwdyn'. Ar ôl i Iwl Cesar drechu'r Galiaid a goresgyn y cyfan o Âl (heblaw am bentref bach Asterix wrth gwrs) yn y ganrif gyntaf cyn Crist dechreuodd y bobloedd yno, yn raddol, ddod i siarad Lladin, neu dafodieithoedd ohoni. Parhaodd y gair hwn ar lafar, a datblygodd yn *boulge, bouge*, sef 'wallet' mewn Hen Ffrangeg. Esgorodd hwn wedyn ar eiriau Saesneg fel *bulge* a *budget*. Yn Lladin trodd *$b^h$- y Broto-Indo-Ewropeg yn *f-*. Felly cafwyd y gair *follis* am fegin. Rhoddodd hwn y gair Hen Ffrangeg *fol* 'rhywun gwirion', mae'n debyg trwy ryw ystyr fel '*wind-bag*'. O'r gair Ffrangeg hwn y daeth y Saesneg *fool* ac yna'n gair ni *ffŵl*. Cwdyn bychan yw *follicle*, sydd hefyd o'r Lladin, wrth gwrs. Os awn yn ôl i'r gwreiddyn Celtaidd mae'n bosibl ei fod i'w weld yn *Belgae* hefyd, y llwyth a roddodd ei enw i wlad Belg, wedi ei atgyfodi pan ymffurfiodd yn wlad yn 1830. Yr ystyr yma fyddai chwyddo gyda dicter, neu falchder efallai. Efallai y gallem ei gymharu â'r hyn a ddywed Americanwyr, '*he's a swell guy*'. Gair Groeg cytras yw *phallos* 'cala', ac efallai y byddwch yn gyfarwydd â hwn fel *phallic*. Dyna resiad o eiriau sy'n perthyn (sy'n mynd â ni yn ôl filoedd o flynyddoedd) felly y tro nesaf y byddwch yn dweud *bol*, meddyliwch hefyd am '*belly*', '*bellows*', '*bulge*', '*budget*', gwlad Belg, '*phallic*' a *ffŵl*.

## Cadwyn Geiriau

Mae pos Saesneg ar y patrwm dilynol. Rhaid ichi geisio llenwi'r bwlch â gair sy'n addas fel dilyniant i'r gair cyntaf ac sydd hefyd yn addas ar gyfer yr ail air. Gadewch imi egluro. Ystyriwch y canlynol:

ICE _ _ _ CHEESE
Wel, ateb hawdd onid e? ICE CREAM a CREAM CHEESE.
Beth am y canlynol?
CREDIT _ _ _ _ GAME

Digon hawdd eto! CARD wrth gwrs. Dyma'r cynigion Cymraeg a ddaeth i law:

GWELLT _ _ _ _ Y DORLAN
CODI _ _ _ _ FAWR
YNG NGENAU'R _ _ _ _ CYSGU
CHWARAE _ _ _ EDRYCH TUAG ADREF
TORRI _ _ _ _ _ LÂN
CHWYS _ _ _ _ _ MEWN CYFFION
ATHRO _ _ _ _ DANT

PEN _ _ _ _ LLŶN
ADERYN _ _ _ _ AC ENAID
HELP _ _ _ GADARN
GWESTY _ _ _ _ _ AM BYTH
CRYS _ _ _ _ DOMEN
PIN _ _ _ _ EFA

## Camddealltwriaethau Tafodieithol

Dyma ambell hanesyn am gamddealltwriaethau a ddigwyddodd oherwydd cyfoeth ein tafodieithoedd. Bu raid imi oedi a meddwl cyn deall ambell un!

- Dwedodd fy nhad wrtho i am Northman a ddaeth lawr i weithio yng ngwaith glo Pen-cae yn Llandybïe. Gofynnodd ei fyti iddo fe wneud rhywbeth ac atebodd y Gogleddwr, "Rwan?" Ymateb y colier lleol oedd, "R'y wan? Pwdwr 'yt ti'r jawl!" Deallwyd *rwan* fel *rhy wan*! Yn iaith Gogs bydden ni'n dweud "Diog wyt ti'r diawl!".
- Cyfaill imi o'r Gog yn gofyn am y lle chwech (sef y tŷ bach) mewn caffi yn Aberaeron, a'r waitress yn chwilio am le i chwech eistedd.
- Wel, cymysgedd o'r Gymraeg a'r Saesneg. Dywedais i wrth hen ddynes o'r gogledd fy mod i wedi bod ar fy nghefn mewn 'pôn' (poen). Fe wnaeth hi feddwl mod i'n defnyddio'r gair Saesneg sy'n swnio'n debyg! Deallodd *pôn* fel y gair am pornograffi!
- Merch o'r de yn aros gyda chyfaill imi na fentrodd mwy i'r de na'r Bermo. Roedd hi'n gwneud brecwast a gofynnodd i'm cyfaill "Wyt ti

isho wy?". Cochodd at ei glustiau. Roedd wedi camddeall yr ynganiad o 'wî' a meddwl mai 'wee' oedd hi wedi dweud. Wedi camddeall yr acen yn hytrach na thafodiaith a meddwl ei fod eisiau mynd i wneud dŵr.

- Fel plentyn dw i'n cofio fy ewythr oedd yn enedigol o Tufton (Sir Benfro) yn adrodd hanes awyren o'r Ail Ryfel Byd yn glanio 'ar y mini' (mynydd) ym Mynachlog Ddu a fe laddwyd pawb yn yr awyren. "Ond beth am y bobol yn y mini?" gofynnais.
- Symudodd y teulu o Esgairgeiliog i Flaenau Ffestiniog yn 1971. Mi gerddais i fewn i'r Meirion tua chwech o'r gloch a dweud "Mae'n llwydrewi." Pawb yna yn meddwl bod fi yn dweud bod y tafarn yn drewi!!! Hynny yw 'mae'r lle'n drewi'. *Brigo* ydy'r gair yma.
- Es i brifysgol Abertawe yn yr wythdegau cynnar. Gwelais ddyn ifanc neis ym mharti dolig y gym-gym. Dyma fo'n deud wrthaf fi, "Ti'n gwynto'n dda. Ti moyn bopan?!!!" Wyddwn i ddim lle i edrach... Ron i'n meddwl ei fod o'n awgrymu bod gennyf wynt!!! Mae'n rhaid ei fod wedi sylwi ar fy embaras felly aileiriodd ei gyfarch mewn iaith ogleddol gan ddeud, "Mae yna ogla neis arnach chdi. T'isio dawnsio!!". Cewch chi ddyfalu'r diweddglo lol.
- Nain (o Fangor) a fi (o Gaerffili) (a'r teulu) yn mynd am dro ar y prom yn Llandudno. Roedd hi'n ddiwrnod gwyntog a dyma Nain yn troi ata'i a dweud... "Diawch dw i'n starfio, awn ni adra?" Dwedes i "Ond Nain, allech chi ddim bod yn starfio, ni ond newydd gael bwyd!". Starfio iddi hi oedd oer ofnadwy... ond i fi roedd e'n golygu ishe bwyd.
- Dyn o Faldwyn yn gweithio ym Mlaenau Ffestiniog ac yn gofyn am *brwsh* a *rhaw* a'r hogiau lleol yn deall *brwsh* a *rhew*. Ym Maldwyn mae *â* yn troi'n *ê*. Meddyliwch am y *gêth fêch o flên y tên*.
- Ddaru fi ddeud wrth criw o fechgyn yn Ysgol Uwchradd Aberteifi am agor eu *copis* (copybooks). Copis ydy gair y De am *balog*. Roedd eu hwynebau yn bictiwr a un finna yn goch ar ôl i rywun egluro i mi wir ystyr y gair.
- Cof annwyl am Tudur Jones, darlithydd Ffrangeg yn Aber'th stalwm, yn sôn am chwaer a chwaer-yng-nghyfraith yn camddeall pan ddudodd yr un o'r De wrth eu plant am fynd allan i chwarae 'ar y *lawn*'. Yn yr ardd oedd hi'n meddwl ond 'ar y lôn' glywodd y llall, a hitha'n Gog!! Edrychodd ar eu chwaer-yng-nghyf mewn sioc tan i Tudur egluro.
- Roedd fy nhad yn smocio piball. Gŵr o dde Cymru yn sylwi ar y biball ac yn gofyn iddo "Odich chi yn pibo?" Roedd wyneb fy nhad yn bictiwr! *Pibo* ydy gair y Gogledd am gael dolur rhydd.

- Dyddiau coleg yng Nghaerdydd yn gweithio ar ddrama i'w pherfformio i'r cyhoedd. Dwedodd merch o'r de wrtha i ddisgwl – dyna be wnes i ddisgwyl/aros a dim byd yn digwydd. Ar ôl rhyw 10 munud o aros doedd neb o gwmpas, felly off â fi i'r dafarn, a dyna lle oedd pawb – holi ble o'n ni wedi bod a finnau deud nath X ddweud wrtha i i aros amdani – na medden nhw roedd hi'n gofyn i ti edrych ar y set a gwerthfawrogi'r gwaith!!!! never again os dweden nhw! Mae *disgwyl* (shgwl) yn gallu golygu *edrych*.
- Dyn o'r gogledd (Sir Fôn?) yn mynd â'i gar i'r garej ac yn dweud fod y drws yn cau agor. Cafodd yr ateb "ody, ody, mae e fod cau ac agor". 'Cau' yn golygu 'gwrthod' i'r gogleddwr! Daw *cau* o *nacáu* 'gwrthod'.

## *Chest of drawers*

Ffurfiau ar *tsiestadrôrs* sydd ar lafar yn y Gogledd, ac yno clywir ynganiadau digon tebyg i'r Saesneg. *Cisdadrôr* yw yn Llŷn, efallai gyda *cist* wedi cymryd lle *'chest'*. Ym Mhenfro a gorllewin Ceredigion y gair yw *nob*. Yn y Rhondda cawn *cisandrorz, cysendrârz*, yn Ystradgynlais, *casandras* yng Nglanaman a *casyn drars* neu *cesyn drars* ym Mrynaman. *Dreiyrs* a gafwyd yn Llanddewi Brefi, ond yng Ngheinewydd a Sir Benfro clywir *haffdros* (GDD 150). Yn Nhalgarreg nodwyd *cwpwr dreure*.

Yn y pen draw daw *'chest'* o'r Lladin *cista*, ar ôl iddo dreulio ychydig o amser yn y Ffrangeg. Mae hyd yn oed y gair Lladin yn dod o rywle arall. Benthyciad yw o'r gair Groeg *kistē* 'blwch, cawell'. Rhaid cofio mai tafodieithoedd Groeg oedd iaith fwyaf Ymerodraeth Rhufain. Yn ieuenctid Iwl Cesar, iaith gymharol fechan oedd y Lladin, yn cael ei siarad yn bennaf o gwmpas Rhufain, ond roedd yn prysur ymledu gyda choncwestau'r Rhufeiniaid. Groeg oedd prif iaith trefi mawrion nid nepell o Rufain, fel Napoli (Naples) sy'n enw Groeg... *Nea-polis* 'Y Dref Newydd'. Dyna pam mae cymaint o eiriau Groeg yn Lladin, nid oherwydd iddynt fabwysiadu geiriau o Athen bell ond oherwydd bod lleiafrif Lladiniaith yn rheoli miliynau o siaradwyr Groeg. *Graeca capta ferum victorem cepit* (Groeg oresgynedig a oresgynnodd ei choncwerwr milain) yn ngeiriau'r bardd Lladin Horas.

Benthyciwyd y gair cist o'r Hen Saesneg, ond roedden ni eisoes wedi benthyca'r gair o'r Lladin ganrifoedd ynghynt, a'r gair hwnnw yw *cest*. Er nad yw hwnnw ar lafar heddiw, mae i'w weld o hyd mewn enwau lleoedd fel enw'r bryn mawr crwn hwnnw ger Porthmadog, yr un sy'n rhoi ei enw i Borth-y-Gest. O'r gair Saesneg *draw* 'tynnu' y daw *drawer*, am resymau digon amlwg. Rhywbeth arall y bydd Saeson yn ei dynnu amdanynt yw *drawers*, y dillad isaf. Ac o hwn daeth y gair gogleddol am *underpants* sef 'trôns'. Ac mae trafodaeth am hwn isod.

## Clandro

'Gair sy'n golygu meddwl yn galed, trïo dod i benderfyniad neu wneud mathemateg anodd ella!' Dyma a nodwyd am y gair hwn gan un o Benrhyn Llŷn. Er nad yw llawer yn gyfarwydd ag ef, mae'n ddigon cyffredin yn y gogledd-orllewin. Nododd sawl un nad oeddynt wedi clywed y gair ers tro. I rai mae'r ystyr ychydig yn wahanol: 'be ti'n clandro?' pan mae rhywun yn dweud rhyw stori fawr. Mewn geiriau eraill, 'rhywun sy'n rwdlan neu'n malu cachu'. Sylwad arall a ddaeth i law oedd 'Defnyddio'r gair, ond efo ystyr arall, braidd yn negyddol. Edrych trwy bethau mewn drôr, neu gwpwrdd sy'n eiddo i rywun arall i weld be' sy' 'na.' Felly hefyd yw'r ystyr yng ngogledd Ceredigion sef 'troi pethau wyneb i waered yn chwilio am rywbeth, e.e. 'Rwy wedi clandro ym mhob cwpwrdd ond wedi methu dod o hyd iddo'. Nododd un arall bod llyfr problemau/meddwl/mathemateg o rai degawdau yn ôl o'r enw *Clandro*.

Beth am ei darddiad? Wel, o *calendro* y daw. Bôn hwn yw *calendr* a'r ystyr wreiddiol oedd 'cyfrif, bwrw cyfrif, chwilio ac astudio'r calendr'. O hyn datblygodd yr ystyron 'edrych, chwilota'. Y tro cyntaf y cafwyd y gair wedi'i ysgrifennu oedd gan yr ysgolhaig Edmwnd Prys, ddiwedd yr unfed ganrif ar bymtheg. Daw *calendr* o'r Saesneg wrth gwrs. Cafodd y Saesneg y gair o'r Ffrangeg *'calendier'* sef 'rhestr, cofrestr', a daw hwnnw o'r *'calendarium'* (llyfr cyfrif), sydd yn ei dro yn dod o *'calendae/kalendae'* sy'n golygu diwrnod cyntaf y mis Rhufeinig, pan fyddai raid talu dyledion. O'r gair hwn y cawson ni'r gair *calan*. O wreiddyn PIE *$kleh_2$-* sy'n golygu 'galw' y daw hwn, oherwydd byddai offeiriaid y Rhufeiniaid yn 'galw' yn uchel ddyfodiad y lleuad newydd, sef dechrau'r mis. O'r gwreiddyn hefyd hwn y daw *ceiliog*, sef yr un sy'n galw. Mae llu o eiriau eraill yr ydych yn gyfarwydd â hwy hefyd yn perthyn, ond trafodaf hyn oll yn un o'r llyfrau nesaf.

## Clitoris
Digon prin oedd yr atebion, a llawer yn galaru ein diffyg geiriau rhywiol. Yr unig atebion a ddaeth i law oedd *mesen, fferen y fflapiau, clitan, dyn bach yn gwch* (Bethesda) a *ffobet* (Castellnewydd Emlyn).

## Col haidd, cola – *beard of corn*

Ffurf ogleddol yw *col*. Yn y De y ffurf yw *cola*. Y col yw'r darnau hirion pigog ar dywysen o ŷd. Yn rhyfedd ddigon nid yw *The Linguistic Geography of Wales* yn nodi'r ffurf ogleddol hon. Mae'r math hwn o eirfa yn prysur mynd ar ddifancoll, ond mae sawl peth diddorol i'w ddweud am y gair hwn.

Nododd un o'r Gogledd mai *coliar* yw enw'r offeryn llaw i golio haidd, sef i dynnu'r pigau hyn. Dyma hefyd yw'r gair am y rhan oedd yn torri'r col ym mherfedd y dyrnwr mawr. Mae pennill o'r oes o'r blaen yn nodi bod dyrnwr mawr newydd Felin Newydd, Nanhoron, Llŷn (1880au) yn gwneud pob dim o'i gymharu â'r dyrnwr bach cyntefig oedd yn dyrnu yn yr ardal gynt:

Mae dyrnwr Felin Newydd
Yn nithio a thorri col.
Dydy dyrnwr Owain Conion
Wrth hwnnw'n ddim ond lol.

Ychwanegodd un o Flaendulais y canlynol: 'Os dwy'n cofion iawn roedd y 'col' yn bethe bach angaffwrddus iawn yn glynu'n sownd i chwys y croen ar ddiwrnod dyrnu'. Yn y cyd-destun hwn *colio* yw tynnu'r *col*, ond mae ystyr arall iddo yn cael ei drafod isod.

Efallai eich bod yn gofyn pam mae Gogs yn dweud col a Hwntws yn dweud *cola*. Mae'n debyg bod llawer ohonoch wedi sylwi bod hwn yn batrwm cyffredin, fel gyda geiriau fel *dal* a *dala*. Petaech chi'n edrych ar lawysgrifau Cymraeg Canol cynnar byddech yn gweld bod geiriau fel hyn yn diweddu â'r llythyren -y, felly *daly* a *coly*. Geiriau unsill oedd y rhain yn wreiddiol a'r y-dywyll oedd ar y diwedd, sef y sain a glywir yn y *cymylau*. *Schwa* yw'r term arferol am y sain dywyll hon. Mae'r -*y* hon yn mynd yn ôl i'r sain Frythoneg /ɣ/ sef g wedi'i threiglo. Byddai hon yn cael ei seinio fel yr g ynghanol geiriau Sbaeneg, fel *pagar* /paɣar/, braidd fel ein ch ni ond wedi'i lleisio. Felly yr hen ffurfiau oedd /dalɣ/ a /kolɣ/. Mae'r sain /ɣ/ yn un wan ac yn dueddol i gael ei cholli. Yr hyn a ddigwyddodd yn y Gymraeg yw i'r Gogs ei cholli ond i'r Hwntws ei chadw a'i throi yn *a*, sydd yn sain gliriach. Cofiwch nad yw'r Gymraeg yn caniatáu *schwa* (yr *y*-dywyll) mewn sillafau olaf diacen. Yn y De datblygodd yn air deusill hefyd. Am darddiad pellach y gair pigog hwn gweler *colio* a *colyn*.

A chan ein bod ar drywydd yr 'g dreigledig' hon, mae'n debyg ei bod yno yn eich isymwybod ieithyddol. Pam y byddwn yn sgrifennu Nid *anghofiais* ond *Ni adewais*, Nid oes ond *Ni orweddodd*? Mae'r ddau yn dechrau gydag a-, felly Nid y bydden ni'n ei disgwyl onid e? **Nid** o flaen llafariad ond **ni** o flaen cytsain. Sylwch fod *gadael* a *gorwedd* yn dechrau gydag *g*-, ac mewn Hen Gymraeg byddai hon yn treiglo'n /ɣ/, felly byddai ein cyndadau neu ein rhagflaenwyr ieithyddol yn dweud rhywbeth fel *Ni ɣorweddodd* a *Ni ɣyrreis* (gyrru). Felly roedd cytsain yno, ac yn wir i chi mae'r Llydaweg a'r Gernyweg wedi rhyw gadw'r sain hon. Yn y Gernyweg mae'n ymddangos fel arfer fel *h* ac yn y Llydaweg fel *c'h* e.e. *gourvez > da c'hourvez* (gorwedd > i orwedd).

## Colio (gweler *colyn* hefyd)

Cael ein *pigo* gan wenyn fydd y rhan fwyaf ohonom. O'r Saesneg *'to pick'* y daw hwn wrth gwrs, ond mae pethau eraill ar lafar yn siroedd Meirionnydd a Dinbych, sef *colio*, a *chael colyn*. Y *colyn* yw'r pigyn, ac mae'r gair hwn yn weddol hysbys ledled Cymru. Er enghraifft, gallai rhywun yn y Bala gael ei 'golio gan golyn y gacynnen', ac yn Nyffryn Clwyd bydd rhywun yn cael *colyn*. Mae llawer yn gyfarwydd â'r gair *colyn* oherwydd yr emyn 'O Angau, pa le mae dy golyn?' gan David Charles, yr emynydd o Sir Gaerfyrddin. Deillio o'r Beibl mae hwn ac efallai eich bod yn gyfarwydd â'r ffurf Saesneg 'O, *death where is thy sting?*'. Dichon bod y cysylltiad Beiblaidd wedi ei gynorthwyo i aros ar dafod leferydd. Cael *pigiad*, neu *pegiad*, a glywir ym Môn, a chan yr hen do y gair am y pigyn yw *conyn*, yr un gair ag am fachyn *giât*. Efallai mai dim ond amrywiad tafodieithol afreolaidd yw hwn gyda'r *n* gyntaf wedi'i chymhathu i'r ail (_l_n > _n_n). Efallai byddai'n werth hefyd ystyried dylanwad y *conyn* arall, sef ffurf unigol *cawn* *'reeds'*. Mae un o'r rheiny'n hir ac yn fain hefyd, ac efallai bod tipyn o ddrysu wedi digwydd rhyngddynt.

## Colyn / cetyn / bachyn

Y gair yn Arfon am y bachyn bach sydd yn cynnal y ddolen sy'n caniatáu i giât agor a chau yw'r *colyn*. Yr un gair yn hanesyddol yw hwn â *colyn gwenyn* (sting) yw hwn, sef 'pigyn'. Mae'n debyg ei fod yn cyfeirio'n wreiddiol at unrhyw beth eithaf hir a thenau. Daw'r gair hwn o wreiddyn PIE *$kelh_2$ 'trywanu, pigo' ac mae hwn i'w weld mewn nifer o eiriau Cymraeg, er enghraifft *celyn*. Mae'r $h_2$ hwn yn ddull arbenigol o ysgrifennu'r sain *ch*, er bod rhyfwaint o ansicrwydd am union ynganiad y sain. Mae *celyn* yn deillio o'r ffurf Geltaidd *kolino*- a chyfeirio y mae at y ffaith amlwg bod y dail yn bigog. Ardal oedd yn hynod am ei chelyn oedd Clynnog, a ddaw o

'Celynnog'. Digwydd hefyd fel enw personol sydd i'w gael ar garreg Tywyn (c. 750), yr arysgrif hynaf yn yr iaith Gymraeg. Ffurf fachigol yw Celynnin, sydd i'w gweld yn Llangelynnin. Efallai fod hon i'w gweld yn Afon Celyn hefyd. Mewn ieithoedd Germaneg trodd /k-/ ar dechrau gair yn *ch-* ac wedyn yn *h-*. Meddyliwch am funud ac fe welwch mai'r gair Saesneg cytras â *celyn* yw '*holly*'.

Rhoddodd y gwreiddyn *\*kelh$_2$-* inni hefyd y gair *cala* (coc), am resymau digon amlwg, a'r gair Gwyddeleg *colg* (a *calg*) sef 'cleddyf'. Hwn sydd hefyd wrth wraidd yr enw *Calgacus*, arweinydd y Calidoni (yn yr Alban heddiw) y mae'r Rhufeiniwr Tacitus yn cyfeirio ato ddiwedd y ganrif gyntaf OC. Ef yw'r unigolyn cyntaf o rannau mwyaf gogleddol Prydain y gwyddom ei enw. Mae'n bosibl bod yr enw hwn yn golygu rhywun a chanddo gleddyf, neu efallai rywun â chala sylweddol. Mae'r gair *caliog* (cocky), sydd ar lafar ym Môn, yn cyfateb yn union iddo.

Gair trosiadol (mae'n debyg) sydd ar lafar ym Mro Dyfi, sef *cetyn* (pibell), ac yn ôl GPC, o air Saesneg *cat* 'tamaid o rywbeth' y daw hwn. Ar y llaw arall tybed ai'r ystyr wreiddiol sydd yma sef 'tamaid bach'. Rhaid cyfaddef, er hyn, fod pibell yn edrych yn ddigon tebyg i fachyn giât.

*Bachyn iet* a geir yn Sir Gâr. Y gair *bach* 'hook' sydd yma, ac mae'n bosibl bod hwn yn deillio o wreiddyn *\*bak-* 'ffon (grom)'. Yr un gair yw â'r Wyddeleg *bach* sy'n cyfeirio, ymysg pethau eraill, at declyn crwn, fel cryman. Gellir gweld yr hen wreiddyn hwn yn y gair Lladin *baculum* 'ffon bugail'. Ymddengys nad gair Indo-Ewropeaidd mohono, ond *Wanderwort* (crwydrair, gair sy'n crwydro) sy'n tarddu o iaith oedd yn Ewrop mewn cyfnod cynharach. Erbyn cyfnod Lladin Llafar Hwyr (o'r bedwaredd ganrif OC ymlaen) troes *baculum* yn *\*bac'lum*, a chafodd ei fenthyg i'r Gymraeg fel *bagl* 'ffon bugail', fel y ffon bugail drosiadol mae esgob yn ei chario. O fachu coes ôl dafad ag un o'r rhain cafwyd y ferf *baglu*. O fôn y gair Lladin hwn y cafwyd *baguette* 'ffon' yn y Ffrangeg, gair sydd yn fwy cyfarwydd am dorth hir.

O hen ffurf *baglog* (un gyda bagl) y daeth y gair Llydaweg am offeiriad, sef *beleg*. Benthycodd y Gwyddelod y gair Lladin hwn hefyd a'u ffurf nhw yw *bachlach*, ond yma mae'n golygu 'gwerinwr' neu 'gwas', hynny yw bugail. Mae'n bosibl hefyd fod *baccalaureat* (gradd gyntaf) yn deillio o hwn hefyd. Trwy Ffrangeg Canol y daw, ac un syniad yw ei fod yn cyfeirio at ryw ffon arbennig a gariai'r cynfyfyriwr. Er bod tarddiad y gair Saesneg *bachelor* yn ansicr, un cynnig yw ei fod hefyd yn perthyn. Yr ystyr wreiddiol oedd 'gŵr ifanc dibriod". Y cynnig, amheus efallai, yw y byddai gwŷr ifainc yn ymladd â ffyn yn hytrach nag â chleddyfau. Mae'r gwreiddyn *bak- i'w weld yn yr iaith Roeg, yn y gair *bakterion*. Y naturiaethwr o Almaenwr, Christian Gottfried Ehrenberg, a fathodd y gair hwn yn 1838, a'i ystyr yw 'ffon fach' oherwydd bod *bacteria* dan feicrosgop yn edrych fel brigau bychain. Mae'n bosibl bod y gair Saesneg peg hefyd yn tarddu o'r un hen, hen wreiddyn. Pwy fyddai'n meddwl bod *bachyn, baglu, bacteria* a *baguette* oll yn deillio yn y pen draw o ryw iaith goll a siaredid rywle yn Ewrop filoedd o flynyddoedd yn ôl.

O ffurf Saesneg tafodieithol ar 'gate' y cafwyd iet, ond er bod llawer o eiriau Germaneg cytras mae ei darddiad yn gwbl anhysbys.

## Colyn gwenyn – *stinger*

Hen beth annifyr yw cael eich pigo gan wenyn, ac mae sawl gair am y pigyn bach gwenwynig sydd wrth ei ben ôl.

*Pigiad* yw'r gair mwyaf cyffredin, ac fe'i nodwyd yn yr ardaloedd canlynol: Dyffryn Conwy/Llanelwy, Pontarddulais, Wdig, Llandysul, Sir Gâr, Môn, Pontyberem, Dwyfor a Phorthmadog, ac mae hwn yn lledu ar draul y gair brodorol *colyn*, mae'n debyg oherwydd bod y cysylltiad â'r ferf *pigo* (o'r Saesneg) mor amlwg. *Pigwr* a nodwyd yn Gors-las. Mewn rhai ardaloedd mae'r gair Cymraeg colyn yn hysbys iawn. Yr un gair yw hwn â'r *col(a)* hirfain sydd yn amddiffyn tywysen o ŷd (gweler uchod). Bydd y *colyn* bachog yn aros yn y croen os mai pigiad gan gacynen yw, ond os gan wenyn meirch fe all hwnnw bigo sawl gwaith am fod y colyn yn llyfn. Yn Llŷn bydd cath yn eistedd *ar ei cholyn*, sef ar ei phen-ôl.

Gan ein bod ar y trywydd pigog hwn mae'n werth nodi mai'r gair *gwanu* 'trywanu' sydd wrth wraidd *gwen-yn* 'y pigwr'. Mae'r *a* wedi troi'n *e* dan ddylanwad yr *y* yn y sillaf olaf. *Affeithiad* yw'r gair am y math hwn o newid llafarog, lle bo un llafariad yn ymdebygu i un arall mewn sillaf gyfagos. Mae'n gyffredin iawn yn y Gymraeg. Meddyliwch am ffurfiau fel *darn* / *dernyn* neu *llanc* / *llencyn*.

## Crac, blin, dig

Mae cyfoeth o ddulliau i gyfleu hyn yn y Gymraeg, a rhai yn gaeth i un ardal. Mae sawl un o'r geiriau hyn yn golygu *gwallgof* yn bennaf. Mae *cynddeiriog* yn hysbys yn y gogledd a'r De. Dechreuwn yn y De. Y ffordd fwyaf cyffredin yw dweud bod rhywun yn grac, ond gall rhywun fod yn *tampan* (*tampo* yng Ngheredigion) hefyd. Os yw rhywun wedi *gwylltio'n lân* bydd e'n *winad*, neu'n *benwan*, neu'n *gandryll*. Yn Nhŷ-croes (Sir Gâr) nodwyd y gall fod *ma's o'i gof*, *yn infyd*, neu'n *ginddirog* ac mewn mannau eraill *off ei ben*. Yn y Rhondda gellid dweud 'Ma natur ofnadw yndo' neu 'Ma fa'n winad gwyllt.'

Symudwn i'r Gogledd. Mae bod yn *ddig* yn ddigon cyffredin, ond ym Maldwyn bydd rhywun *yn groes*. Ond os eith pethau'n waeth bydd pobol Arfon *mewn myll*, yn *cael y myll* neu'n *myllio*. Yn y Gogledd-orllewin gellir *gwylltio'n gacwn*, neu fod yn *flin fel tincar*. Cofiwch fod *blin* yn y De yn golygu '*sorry*', e.e. 'Mae'n flin 'da fi.' Ym Môn gellwch ddweud bod rhywun *o'i go*, wedi *cael y gwyllt*, yn *honco bost* neu wedi *gwylltio'n racs*. Bydd rhai yn *lloerig*, ond yng Nglynceiriog a Rhosllannerchrugog byddan nhw'n *mileinio*. Bydd rhai hyd yn oed yn colli *limpin*. Yn Arfon byddant yn *ben catsh* (caets).

Gadewch inni edrych ar darddiad y rhain. Mae tarddiad *dig* yn ansicr, ond byddech yn disgwyl ffurf Gelteg fel /diːk-/ neu /duːk-/. Er bod *blin* yn digwydd hefyd mewn Hen Lydaweg does neb yn rhyw hollol siwr o ble y daw. *Blinedig* oedd yr ystyr yn wreiddiol, ac fel hyn y'i defnyddir weithiau. Digon hawdd gweld sut y newidiodd ei ystyr. Mae *gwyllt* yn perthyn i '*wild*' yn Saesneg. Daw *cynddeiriog* o *cynddar(edd)*, ac mae hwn wedi'i lunio o *cyn-* a **dâr*. Mae'r *cyn-* hwn yn golygu *ci*, a dyma'r ffurf sy'n digwydd fel elfen gyntaf geiriau cyfansawdd fel *cynllwst* (kennel), *cynllyfan* (dog-leash). Mae'n digwydd mewn enwau personol fel Cynddylan, Cynan, Maelgwn ac yn enw'r afon Cynon. Digwydd y gair mewn Llydaweg cyfoes hefyd, fel *kounnar*. Tybed ai at wylltineb cŵn y cyfeiriai yn wreiddiol, rhywbeth fel '*rabid*'. Amrywiad ar *gwynad* yw *gwinad*, a dyma sydd gan GPC i'w ddweud 'Ar lafar ym Morg. yn yr ystyr 'llidiog, cynddeiriog', 'Pan wetws a' 'yna, am nad ôn i'n wynad!', 'Yn fy hala i'n wynad (gwyllt)', 'Mynd yn wynad glæn'. Daw hwn o *gwŷn* a ddisgrifir gan GPC fel 'poen, gofid'. Mae'n bosib ei fod yn tarddu o'r gwreiddyn PIE **wen-* 'ymegnïo am, chwennychu' ac os cywir hyn byddai'n perthyn i nifer o eiriau mewn ieithoedd Indo-Ewropeaidd fel Venus (y dduwies a'r blaned), '*venison*' (o'r 'hyn sy'n cael ei hela'), '*venom*' (yn wreiddiol rhywbeth fel 'love potion'). Daw 'venom' yn y pen draw o'r Lladin Llafar *venenum* ac o hwn y cawsom *gwenwyn*. O ffurf enidol *Venus*, sef *Veneris*, y cawsom *(dydd) Gwener*.

Mae'n bosibl bod *myll*, sy'n air llafar diweddar, yn deillio o *ymhyllio*, ond mae tarddiad *hyll* yn dywyll. O'r gair *lloer* y daw *lloerig* wrth gwrs, sef y gair gwreiddiol am *lleuad*. Ceir *loar* yn Llydaweg, a *lo(e)r* yn Gernyweg. Mae hwn yn dod o'r Gelteg **lug-rā*, o'r gwreiddyn PIE **leuk-* 'goleuni'. Mae hwn i'w weld mewn geiriau fel Saesneg '*light*', ac mae trafodaeth helaeth ar y gwreiddyn, dan *llygad*, yn *Amrywiaith 1*. Daw *milain* o'r Ffrangeg neu'r Saesneg canol '*villein*', gydag *f-* ac *m-* yn ymgyfnewid. Doedd dim geiriau

Cymraeg brodorol yn dechrau ag *f-*, felly y tueddiad oedd eu troi'n *b-* neu'n *m-* yn y Gymraeg, weithiau, gan dybio mai ffurfiau treigledig oeddynt. Yn Saesneg golygai 'diwerth' a datblygodd y synnwyr dilornus hwn yn 'cas' fel ag yn y Ffrangeg 'villain' (cas). 'Gwledig' oedd yr ystyr hŷn yn Saesneg a Ffrangeg, a daw hwn o'r Hen Ffrangeg *'vilain'* (gwladwr, gwerinwr, gwas), sy'n deillio o'r gair Lladin *villa*! Felly trodd *villa* yn *fileinig* dros ddwy fil o flynyddoedd. O'r Saesneg *'linch-pin'* y daw *limpin*, sef 'pìn haearn a roddir drwy dwll ym mhen echel i gadw'r olwyn sydd arni yn ei lle'. Os collwch chi'r pìn neu'r pèg hwn gellwch ddychmygu pa mor wyllt yr eith cerbyd neu drol. O'r Saesneg *'crack'* y daw *crac* ac yn 1791 y digwydd yr enghraifft gynharaf ohono'n golygu 'blin' yn hytrach na 'hollt'. Nid wyf yn hollol siŵr sut y bu i'r ystyr yma ddatblygu.

## Cwyno, conan

Mae'r sefyllfa yn weddol syml rhwng y De a'r Gogledd, sef *conan* yn y cyntaf a *cwyno* yn yr ail. Am *'to grumble'* y gair *grwgnach* sy'n arferol yn y Gogledd, ond mae *tuchan* yn gyfarwydd yn Arfon. Yn y De *conan* sy'n cyfateb i *cwyna*, a *cintach* (*cintachu*, *cyntachu* neu *cyntachan* yn Sir Benfro) yn cyfateb i *grwgnach*. Yn y Rhondda y ffurfiau yw *conach* ac *achwn* (achwyn). Cafwyd *grwnsial* hefyd ym Mhenfro. Yn y Canolbarth clywyd ffurfiau ar *gwenwyno*. Roedd hwn ar lafar yn gyffredinol yn y Gogledd (WVBD 188). Ffurfiau'r De yw *gwenino*, *gwnino*. Ym Mhontyberem dywedir 'gad dy gintach!' neu 'stopa gonan.'

Wyddom ni ddim o ble daw *cwyno*, er ei bod yn perthyn i *achwyn*, ac mae'n debyg i'r gair Gwyddeleg *'caoinim'* sef 'wylaf'. Cafodd hwn ei fenthyg i'r Saesneg, ac mae'n debyg eich bod yn gyfarwydd â hwn, sef *keening*. Gair gweddol ddiweddar yw *conan*. O 1771 y daw'r enghraifft gynharaf yn GPC (conach), ac mae hyn fel arfer yn arwydd bod gair wedi dod o iaith arall. Un posibilrwydd yw ei fod wedi dod inni o'r Wyddeleg. Ffurf safonol *ceintach* yw *caentach*, ac mae hwn yn sicr yn dod o'r Wyddeleg, o *'caentach'* sy'n golygu 'siaradus, yn rhuo'.

## Cynganeddu anghyfiaith

Holwyd am gynganeddu mewn ieithoedd ar wahân i'r Gymraeg. Yn gyntaf nodwyd rhai cynganeddion sy'n digwydd mewn hysbysebion neu bapurau newydd Saesneg.

| | |
|---|---|
| Make fish the dish of the day | sain gytbwys acennog |
| Think before you drink, before you drive | sain gytbwys acennog |
| Big Bro Lacey's Racy Romp (*The Star*) | sain gytbwys acennog |
| Soundbites among the sandbags | traws gyferbyn |
| Healthy, wealthy and wise | sain anghytbwys ddyrchafedig |
| You'd be amazed by a Mazda | croes o gyswllt anghytbwys ddisgynedig |

Wedyn cawsom ddau englyn unodl union o law Waldo Williams:

> Yes, Idwal, it is oddish – it is strange
>     It is true outlandish.
>   Neither a fowl nor yet a fish,
>   An englyn writ in English.

Un i amrywiadau o datws.

> You're alright with Early Rose – O, Kerr's Pink
>     Are spuds fit for heroes.
>   And up to date potatoes
>   Be large with the Down Belows.

Un a gofiwyd gan eiriadurwr mawr, ond heb gofio'r awdur yw'r canlynol. Un a anfonwyd ar gerdyn post i ryw William.

> Déjà nous sommes à Dijon – jolie ville
>     Je la vois au vallon.
>   Viens, Bill, le vin est bon,
>   Et la bière, nous la boirons.

'Yn 1851 cyhoeddodd George Borrow, (awdur y llyfr enwog *Wild Wales*) gyfrol o'r enw *Lavengro: The Scholar, the Gypsy, the Priest*. Yn ôl Burrow, gair Romani am grefftwr geiriau yw 'lav-engro'. Flynyddoedd ar ôl ei chyhoeddi, cafodd y gyfrol ei chanmol i'r cymylau, ac aeth yn un o gyfrolau'r gyfres

*Oxford University Press World's Classics* yn 1904 ac yn *Everyman's Library* yn 1906. Yn ystod yr un cyfnod, i wella mymryn ar ei iechyd, treuliodd yr Athro T. Gwynn Jones blwc dros y môr, yn yr Aifft. Yno, tra'n gweithio fel awdur Saesneg *freelance*, derbyniodd gywydd gan gyfaill iddo. Teitl y cywydd oedd 'I L'Avengro yn yr Aifft'. I brofi ei fod yn grefftwr geiriau go iawn, ysgrifennodd yr Athro gywydd yn ateb, gan ddisgrifio sut le oedd yr Aifft a sut brofiad oedd byw yno. Yn y cywydd mae llinellau Ffrangeg, Saesneg, Almaeneg, Sbaeneg a Chymraeg! Dyma bwt ohono sy'n datgelu nad oedd gan yr Athro fawr i'w ddweud wrth y brodorion.' (Diolch i Mei am hyn):

> Scurrying off to Sakkara
> Mal diawl ar gefn mul, a da
> Os doir adre o'r lle llwm
> Gwedyn heb erchyll godwm.
> Passant par sable et poussière
> Nous courrons aux carrière
> Terrain ou on a tiré
> On dit par le roi du pays
> Pierres mâts pour les Pyramides—
> Plygech mewn parch o'u plegid,
> Dann gehen wir nach Käiro—
> Weiss nicht warum oder wo!
> Dimmi, ah! dio mio!—
> A aeth gŵr dros byth o'i go?
> Rebels yw'r holl Arabiaid
> Fel na cheir aflanach haid,
> Llau a chwain a phob llwch ŷnt—
> Diawledig deulu ydynt!

Rai blynyddoedd yn ôl roeddwn mewn tŷ potes ym Mangor, gyda bardd ifanc disglair o Gaernarfon, yn ceisio egluro'r cynganeddion i ysgolheiges ifanc o'r Unol Daleithiau. 'Beth am lunio englyn yn Saesneg i enghreifftio'r cynganeddion oll?' meddwn i. Ddeng munud yn ddiweddarach roedd y canlynol yn addurno cefn *beer-mat*:

> We shall forge for our Georgia – an englyn
>     In English in Bangor.
>   On a whim a hymn for her,
>   Two gathered here together.

## *Dandruff*

Gan mlynedd yn ôl yn ardal Bangor (WVBD 364) y gair oedd *mardwn*. Dim ond rhai, ym Môn, nododd fod y ffurf yn dal yn hysbys, sef *bardwn*, a *pardwn* yn Niwbwrch. Er hyn fe'i hystyrid yn hen air. Noda GPC ei fod ar lafar ym Morgannwg fel *marwdon*. *Sgyrff* (o'r Saesneg) a nodwyd yn Nglyn Ceiriog. Mae *cen* yn gyfarwydd yn y Gogledd ac yn llawer o'r De. Serch hynny gair arferol y De yw *can*.

Daw *marwdwn* o *marw+twn*. Amrywiad ar y ton hwnnw sy'n golygu 'croen' yw *twn*. Pam felly mae rhai'n dweud *bardwn*? Mae amrywio rhwng *m-* a *b-* yn ddigon cyffredin yn y Gymraeg, i raddau helaeth oherwydd bod y ddau'n treiglo'n *f-*. Mae'n debyg y clywir pethau fel 'Yli ar yr holl fardwn yn dy wallt' neu 'Ma 'na lot o fardwn yma'. Hawdd felly dybio mai ffurf dreigledig *bardwn* yw. Caledu neu ddileisio yw'r termau am y newid *b-* i *p-*. Byddai rhai'n dadlau mai mwy o anadlu caled sydd i'r ail. Beth bynnag am hynny, tybed a oes dylanwad yr ymddiheuriad *pardwn* yma, fel petai hwn yn rhywbeth cywilyddus. Ond i ble'r aeth yr w, pan drodd *marwdwn* yn *mardwn*? Mewn Hen Gymraeg ni fyddai'r Cymry yn cyfri'r *-w* ar ddiwedd geiriau fel *marw* yn sillaf. Unsill oedd *marw*, *carw*, *tarw*, *llanw* ac ati. Pan luniwyd gair cyfansawdd ag un o'r rhain fel elfen gyntaf, yr hyn a ddigwyddai, yn y pen draw, oedd peidio ag ynganu'r w pan ddeuai cytsain ar ei hôl. Dyma pam y dywedwn *marnad* am *marwnad*, a dyma pam y trodd *carw+llam* yn *carlam*.

Daw *marw* o hen wreiddyn PIE ar ffurf *\*mer-*, ac mae hwn i'w weld mewn llawer o eiriau sydd eisoes yn gyfarwydd ichi. Dechreuwn gyda'r Lladin '*mors/mortis*'. Rhoddodd hwn eiriau fel '*mortal*', '*immortal*', '*post-mortem*' a '*mortuary*'. O hwn hefyd y daw '*mortgage*'. Y syniad yma yw bod y cytundeb yn farw pan gaiff yr arian ei dalu'n ôl. Mae'r gweiddyn Germaneg i'w weld yn '*murder*'. Gair PIE am '*incubus*', sef y bwystfil hyll hwnnw sy'n eistedd yn drwm ar eich brest pan foch yn cysgu, yw *\*mora-*. Mae hwn i'w weld, mae'n debyg, yn '*nightmare*' a'r Ffrangeg (o'r Almaeneg) '*cauchemar*' (hunllef) a *Morrigan* mewn Hen Wyddeleg (*Mór-Ríoghain* heddiw). Beth mae anfarwolion y Groegiaid yn ei fwyta? *Ambrosia* wrth gwrs, ac mae'n debyg bod hwn yn tarddu o'r gair Groeg '*ambrotos*' (anfarwol). Y *br* yma sy'n cyfateb i *\*mer-*. Os ewch yn bell i'r dwyrain i'r India, efallai eich bod yn gyfarwydd â thref sanctaidd y Sikhiaid, sef Amritsar. Daw hwn o *\*ne-+ mrta* 'marw', a '*saras*' (llyn pwll). Yr ystyr yw 'pwll yr anfarwolion.' Felly mae *murder*, *mortal*, *nightmare*, *ambrosia* ac Amritsar yn perthyn i *mardwn*. Mae'n debyg bod y *twn*, sydd wedi'i dreiglo yn *mardwn*, yn amrywiad ar *ton*² sy'n golygu 'croen, wyneb y tir', ac sydd I'w weld mewn enwau fel Tonypandy.

Ystyr *cen* yw 'croen', ac efallai eich bod yn fwy cyfarwydd ag ef yn *cen pysgod*, sef '*scales*'. Daw hwn o'r gwreiddyn PIE *(s)ken-*. Pam mae s mewn cromfachau yma, meddech chi. Mae hwn yn gwestiwn da a hyd yn hyn does gan neb ateb boddhaol. Mewn rhai cyd-destunau bydd s ar ddechrau rhai ffurfiau ond dro arall ni fydd yno, a does neb yn hollol siŵr pam. Un enghraifft o hyn yw '*melt*' a '*smelt*' yn Saesneg. Ond mae'r s hon yn dangos mai'r gair Saesneg cytras i cen yw '*skin*'. Ystyr *can* yw 'gwyn' a daw hwn o'r gwreiddyn PIE *\*kan-* 'disgleirio'. Gall olygu *blawd* hefyd yn y De, a meddyliwch am *cannu* '*to bleach, whiten*' (Canna f'enaid yn y gwaed...). Mae hwn i'w weld yn y gair Lladin '*candela*', a roddodd *cannwyll* inni, a'r Saesneg '*candle*' wrth gwrs. Mae geiriau eraill sy'n deillio o'r Lladin yn ei gynnwys, fel '*candelabra*', '*candid*' ac '*incense*'. Mae'r gair '*candidate*' hefyd yn perthyn yma, a'r ystyr wreiddiol i'r Rhufeiniaid oedd 'rhywun a wisgai ddillad gwyn'.

## Diffodd

Yr ynganiad yn y Gogledd-orllewin yw *diffod*, ond mae'r ffurf hanesyddol *diffodd* wedi dal ei dir yn well yn y De, er mai *dwffod* a nodwyd yma ac acw yn Sir Gâr a gorllewin Morgannwg. Dyma a ddywedir mewn sawl man yn y Gogledd am '*to switch off*', hynny yw 'diffod y gola, diffod y teledu, diffodd y peiriant'. Yn y Rhondda gall fod yn ffordd deg o ddweud bod rhywun wedi marw: 'ma'r gan'wll wedi diffodd.'

Digwydd y gair hwn yn y Gernyweg fel '*dyfüdhy*.' Daw hwn yn ei dro o'r Gelteg *\*dīspād-* a ddaw o *\*dē-exs-bād-*. Peidiwch â phoeni gormod am y sumbolau hyn, nid ydynt yn drafferthus iawn mewn gwirionedd, ac mae digon o drafodaethau da ar gael ar y we. Ar Wici er enghraifft. Yr hyn sy'n ddiddorol yma yw bod y rhan olaf yn cyfateb i *boddi*. Rywbryd yn bell yn ôl, trodd *\*sp-* yn y Gelteg yn *\*f-* mewn llawer o amgylchiadau. Gallwch weld hyn yn y gyfatebiaeth rhwng *ffon* yn Gymraeg a '*spoon*' yn Saesneg. Yr ystyr wreiddiol oedd 'sglodyn o bren'. Mae -*dd* weithiau yn troi'n -*d* yn Gymraeg e.e. o *gormodd* y daw *gormod*, Afon Clwyd, o *\*clwydd* (sy'n perthyn i *arglwydd*, ac yma'n golygu rhwybeth fel gwyro mae'n debyg'.

## Dolur rhydd, y bib

Yr hyn oedd yn braf yn y sgwrs ar FB oedd y ffaith bod y Cymry, erbyn hyn, yn ddigon bodlon trafod y fath bethau yn gwbl agored a dibryder. Yn wir mae cyfoeth yma, a fu ar lafar ers cenedlaethau ond a ystyrid gynt yn anaddas ar gyfer sgwrs barchus. Mae llawer iawn o eiriau a thermau am hyn oll.

Cychwynnodd y sgwrs gyda sylwadau am yr hyn a ddywedir yng nghanol Ceredigion, sef *cach rwsh, cachu drwy gwilsen*, a'r *dolur rhydd* digon parchus (FWI 145). Nodwyd mai ynganiad *dolur rhydd* yn fynych yw *dole rhydd*. Yn Eglwyswrw bydd pobol yn *cachu fel bwa'r arch* (enfys). Yn Sir Gâr byddant yn *cachu'n shîls* neu'n, yn *cachu'n dene,* yn *domi'n dene,* neu'n dioddef o'r *milgi melyn*. Os yw wir yn llifo fel rhaeadr bydd arnynt y *milgi melyn main a miniog*. Yn ardal Cydweli bydd pobol yn *cachu trwy nedwydd*, 'a dywediad mam-gu os oedd pethau'n mynd o ddrwg i waeth oedd "Mwy cachu, mwy drewi"'. Mae sôn am *gachu llo bach* yn gyffredin. Yng Nghwm Gwendraeth *cachu trwy whistrell*. Mae *pibo*, fe ymddengys, yn fwy tebygol o gyfeirio at anifeiliaid. Ym Sir Benfro sonnir am *sgwryn*, o'r Saesneg 'scour'.

Y *bib* a *pibo* sy'n arferol yn y Gogledd. Os yw'n arbennig o ddrwg rhaid ei alw'n *bib wyllt*. *Rhyddni* fyddai'r gair parchus, neu *bwrw drwyddi/drwyddo* yn Eifionydd. Yn Arfon a Môn gellir *pibo fel rhensan* neu *gachu fel gwylan*. Mae *fflachgach* yn gyfarwydd ymysg y to ifanc, yn enwedig am gachiad ar frys. Ym Môn sonnir am *gachu main*. Yn Eryri mae tair gradd i'r anhwylder: *y bib lygadog* (safonol), *y felan fawr* (gwaeth), *y dorti* (y waethaf). Mae trafodaeth am *y dorti*, neu'r *Dorti Elîs Ddu* yn *Amen Dyn Pren* (183). Yma nodir mai llygriad o *dysentry* yw, a'i fod wedi ei gysylltu â gwrach enwog o'r enw *Dorti* (Dorothy) *Ddu* a fu farw yn 1755. Ceir *cachu rwtch* ym Mhenrhyndeudraeth. Nododd Mr Picton beth o gyfoeth Niwbwrch: *Pibo saith llath yn erbyn y gwynt*, a *sgwrfa*, "fytis i lwyth o ffrwytha ddoe, ewadd ges i sgwrfa iawn ar 'u hola nhw'. Yn ne Sir Ddinbych clywir 'pibo dros saith clawdd, y bib, cachu rwtsh, cachu trwy grai nodydd neu yn fwy parchus dolur rhydd'. Yn Edeirnion gellir dweud 'Ma'n nhin i'n frau'. Nodwyd *liwc* yn ardal Bangor (WVBD 237) dros ganrif yn ôl, ond mae'n ymddangos bod y gair hwn wedi diflannu.

Mae amrywiadau ar y pennill canlynol yn hysbys yn weddol gyffredinol:

Yr iach a gach yn y bore,
Yr afiach a gach yn y pnawn (yn yr hwyr).
Yr afiach a gach ond dipyn bach,
Ond yr iach a gach yn llawn (yn llwyr).

Atgoffodd prifardd o Gaernarfon am fodolaeth englyn piws perthnasol. Tybed pwy sy'n cofio'r gyfrol fach arloesol hon a gyhoeddwyd gan y Lolfa.

> Cochais a mi gachais gwart, – yn sydyn
>    Arswydus gwnes ddeugwart;
> Lledais fy nhin fel llidiart,
> Cochais drachefn – cachais dri chwart.

Mae benthyciadau diweddar fel y *runs*, y *shits*, *deli beli*, yn digwydd hefyd yma ac acw. I gau'r drafodaeth cynigiodd un fathu *ffrwydgach* am sefyllfa reit ddifrifol.

Beth am darddiadau'r geiriau hyn? Mae *cachu* yn dod o \*kakka- ac yn gytras â'r Llydaweg *kaoc'h* a'r gair Gwyddeleg Canol *caccaim*. Bydd llawer ohonoch yn gyfarwydd â'r hanesyn am Gymry yn mynd i Lydaw ac yn deall ar unwaith bod *gwin gwyn* yn cyfateb i *gwin gwenn*. Ânt i drafferthion aml gan ddyfalu mai *gwin koc'h* yw *gwin coch*. Gwaetha'r modd eu gair nhw am 'goch' yw '*ruz*' (rhudd), ac mae ein *coch* ni yn swnio'n debyg iawn i'w *cach* nhw. Llawer Cymro a Chymraes aeth i helbul felly yn gofyn i dafarnwyr Llydewig syn am 'gwin cach'. Ta waeth, mae'n debyg bod y \*kakka- hwn yn air mynegol neu yn wir yn deillio o hen air PIE. Mae'n cyfateb i *caca* yn Saesneg a Ffrangeg ac mae'n debyg bod y ffurf yn crwydro'n rhwydd o un iaith i'w gilydd. Mae'n debyg bod y gair *cacophony* yn perthyn hefyd, gair a ddaeth o'r Ffrangeg, *cacophonie*. Mae hwn yn ei dro yn dod o'r Lladin a fabwysiadodd y gair o'r Roeg, *kakophonos* 'sŵn drwg'. Mae'r gair slang Americanaidd *poppycock* hefyd yn perthyn yn ôl pob tebyg. Daw o air tafodieithol Iseldireg sef '*pappekak*', o '*pappe*' 'bwyd meddal' a '*kak*'.

Beth am *dolur rhydd*? O'r Lladin *dolōrem* y cawsom hwn, pan oedd ein rhagflaenwyr ieithyddol yn cyd-fyw am ganrifoedd â siaradwyr Lladin. Ffordd arall o feddwl amdano yw ein bod ni siaradwyr Cymraeg yn disgyn o Rufeiniaid i raddau sylweddol. Meddyliwch am y *Via Dolorosa* yn Jerwsalem, y Ffrangeg *douleur* a'r Sbaeneg *dolor*. Daw *rhydd* o hen wreiddyn PIE \*prijo- 'caru > rhydd'. Fe welwch mewn trafodaethau eraill yn y llyfr hwn fod *p* yr iaith Saesneg wedi troi'n *f*, ac felly, y gair Saesneg sy'n cyfateb i *rhydd* yw '*free*'. Mae hwn i'w weld mewn geiriau fel y Saesneg '*friend*' a'r enwau personol Godfrey, Winifred, ac enw'r dduwies Germanaidd *Frigu* a roddodd '*Friday*' inni.

Yn olaf, *pibo*. O'r gair *pib* '*pipe*' y daw hwn. Dim ond yn y bymthegfed ganrif y nodwyd hwn am y tro cyntaf, a'r tebygrwydd yw ei fod yn dod o'r Saesneg.

## *Doorknob*

*Bwlyn* yw gair arferol y De, gyda *dwrn* (*drws*) yn arferol yn y Gogledd. Ym Môn mae *nobyn* yn gyfarwydd hefyd. Roedd *clap y drws* ar lafar yn Llanbrynmair (GEM 125), ond ni ddaeth atebion o Faldwyn.

Benthyciad o ffurf ar y gair Saesneg '*bowl*' (dysgl, pêl) yw *bwlyn*. Yn y Gymraeg gallai gyfeirio at nifer o bethau crwn. Y gair hwn sydd i'w weld yn Ynys-y-bwl. Daw'r gair Saesneg '*bowl*' o'r gwreiddyn PIE \*bhel- 'chwyddo, chwythu' ac mae trafodaeth eang am hwn dan y gair 'bolio'.

## **Dyfrgi / dwrgi**

Dyma air sydd â dosbarthiad eithaf clir, gyda Gogs yn dweud *dyfrgi* a Hwntws (a rhai yng Nghwm Dyfi) yn dweud *dwrgi*. Cyfansoddair yw, wrth gwrs, o *dwfr* (hen ffurf *dŵr*) a *ci*. Lluosog *dyfrgi* yw *dyfrgwn*, ond lluosog *dwrgi* yw *dwrgwn*. Daw *dwrgi* felly o *dyfrgi*, ac mae ambell i nodwedd ddiddorol yma, ar wahân i golli'r *f*. Nododd rhai fod *dyfyrgi*, gydag *y* ymwthiol yn rhannu'r clwstwr anodd -*frg*- ar lafar yn Nyffryn Nantlle a Chricieth. Ym Môn ac ym Methesda nodwyd mai *ci dŵr* sy'n arferol, er bod y ffurf safonol *dyfrgi* yn dechrau disodli ffurf yr ynys.

Mae'n debyg bod Hwntws wedi mynd i deimlo, ar ôl i *dwfr* droi'n *dŵr*, bod y ffurf *dyfrgi* braidd yn bell o'r ystyr amlwg ac iddynt ei ddiweddaru. Cofiwch am y rheol Gymraeg lle bydd *y* ym mhob sillaf heblaw am yr olaf yn cael ei seinio fel *y*-dywyll. Mae ambell eithriad mewn geiriau modern fel *cydweithio*. I gydymffurfio â'r rheol hon dylai'r deheuwyr ddweud \*\**dyrgi*, ond byddai hwnnw'n tywyllu'r cysylltiad amlwg gyda *dŵr*.

Yr un gair sydd yn Llydaweg, sef *dourgi* ac yn Hen Gernyweg (*doferghi*) sy'n digwydd fel glos ar y gair Lladin *lutrius* (a roddodd y gair Ffrangeg *loutre*) am yr anifail hwn. Y gair Gwyddeleg yw *dobharchú* felly gallwn amau fod hwn yn hen ffurfiant Celtaidd. Yng Nghernyw ceir lle o'r enw Trethurgy, sef *Tref-Ddyfrgi* (CPNE 86). Mae'n debyg mai enw personol sydd yma, sy'n cyfateb i'r enw Gwyddeleg *Dobarchú*. Nododd un iddo gael sgwrs â gŵr o Lydaw, a 'dwrgi' oedd o'n galw'r creadur ond ei fod yn deud 'dwrgïau' fel lluosog, felly yn lle *ci* a *chŵn* gynnon ni, mi oedd o'n deud *ci* a 'chïau'. Yn wir mae'r rhan fwyaf o dafodieithoedd y Llydaweg wedi colli'r ffurf luosog sy'n cyfateb i *cŵn*, a dyma efallai pam y bu raid ail-lunio'r lluosog. Er hyn, ffurfiau sy'n seiliedig ar *ki-dour* a *chas-dour* yr ydwyf i'n gyfarwydd â nhw. *Chachdaor* yw'r ynganiad yn nhafodiaith Gwened (Vannes).

Cawsom wybod i hela'r creaduriaid hyn â *chŵn dyrgwn* gan giperiaid afonydd ddigwydd yn rheolaidd hyd at ganol yr ugeinfed ganrif ym Mro Ddyfi.

Mae tarddiad *dwfr* yn ansicr, ond mae rhai'n ei gysylltu â'r gair *du*, a *dwfn*... a'r Saesneg *'deep'*. Mae i'w weld yn enw'r dref fferi Dover, ac mewn llawer o afonydd yn Lloegr, fel Calder, sy'n cyfateb i *caled+dwfr*, ein Cletwr ni. Mae *ci* yn cyfateb i *'canis'* yn Lladin, a geiriau fel *'canine'*, a *'hound'* yn Saesneg.

Beth am fwrw golwg ar darddiad y gair Saesneg *otter*? Y diffiniad ar y wefan wych *Etymon* yw 'aquatic digitigrade carnivorous mammal, hunted for its fur', a nodir bod y gair yn dod o hen air Germaneg *\*otraz* a bod hwn, yn ei dro, yn dod o PIE *\*udros* 'creadur y dŵr'. Mae hwn yn perthyn i'r gair Groeg *hydra* 'bwystfil y dŵr', *hydraulic*, y Lladin *lutra* (a welsom uchod) a'r gair Hen Wyddeleg *odoirne*. Daw'r rhain oll o'r gwreiddyn PIE *\*wed-* 'dŵr, gwlyb' a roddodd y geiriau Saesneg *'wet'* a *'wash'*. Rhoddodd hefyd (efallai) y gair am y tymor gwlyb, sef *'winter'*. Y gair sy'n cyfateb yng Ngaeleg yr Alban yw *uisge*, fel ag yn *uisge beatha* 'dŵr bywyd' a hwn a roddodd inni'r gair *whisky*. Tebyg hefyd yw'r datblygiad yn Rwsieg, a'r gair arall cytras yw... *vodka* 'dŵr bach'.

## *Egg-cup* (ISF 81)

Y gair arferol yn y Gogledd-orllewin yw *ecob*. Nid oedd llawer erioed wedi meddwl mai Cymreigiad o *'egg-cup'* oedd. Yr unig luosog a nodwyd oedd *ecops*. Roedd *ecwb* ar lafar ym Môn rai blynyddoedd yn ôl, ond ni wnaeth neb ei grybwyll yn ystod yr holl drafodaethau. Mae *cwpan wy* yn gyffredin o Faldwyn i'r de, a *llester wy* yma ac acw yng Ngheredigion a Sir Gâr.

Mae'n bosib bod *'egg'*, fel *wy*, yn tarddu o wreiddyn PIE *\*owjo-*. Rhoddodd hwn hefyd y gair Lladin am wy, sef *'ouum'*, ac mae hwn i'w weld yn *'oval'*, *'ovaries'* ac *'ovulate'*. Mae'n bosib bod hwn, yn ei dro, yn tarddu o'r gair am aderyn, sef *\*awi-* ac mae hwn i'w weld mewn llu o eiriau fel *'aviation'*, *'caviar'* (trwy'r Berseg) ac *'ostrich'* (o'r Roeg yn y pen draw).

## Enwau lleoedd

Dyma restr o ynganiadau llafar Cymraeg rhai o'n pentrefi a'n trefi. Ar y cyfan mae'n ymddangos mai bathiadau Cymraeg ydynt.

- Aber-erch – Berch
- Aberffraw – Berffro
- Abersoch – 'Rabar
- Bancffosfelen – Y Banc
- Beddgelert – Begél
- Bethesda – Pesda
- Blaenau Ffestiniog – Stiniog
- Caerfyrddin – Gyfyrddin
- Caernarfon – Cnafron, Gnarfon
- Castellnewydd Emlyn – Castell Nowi
- Cefneithin – Cefen / Cefenîthin / Cefnîthin
- Coedpoeth – Cpoeth
- Croesoswallt – Soswallt, Syswallt
- Cross Hands – Cross
- Cwm Mawr – Cwm-mowr
- Cwmafan – Cwmychan
- Dinbych – Dimbech
- Lerpwl – Nerpwl (yr hen do)
- Llanaelhaearn – Llanhuarn
- Llanbedr Pontsteffan – Llambed
- Llanberis – Llambêr
- Llandudoch – Llan-doch
- Llanddeiniol Fab – Llanddeiniol
- Llanddeiniolen – Llaniolan
- Llanfair Clydogau – Llanfer
- Llanfairfechan – Llanfrechan
-- Llanfihangel-ar-Arth – Llaningel
- Llangwyryfon – Llangwrfon/ Llangwrddon
- Llanymddyfri – Llanddyfri
- Machynlleth – Mach
- Meinciau – Mince
- Nantglyn – Naclyn
- Niwbwrch – Nibwrch
- Pencaenewydd – Pen-cae
- Penrhyndeudraeth – Pendryn
- Penygroes (De) – Penygrôs
- Penygroes (Gogledd) – Pen-groes

- Pontfadog – Ponffadog
- Pontrhydfendigaid – Bont
- Pontyberem – Y Bont
- Porthaethwy – Borth
- Pump Heol – Pump-ewl
- Pwll – Pŵll
- Rhosllannerchrugog – Rhos
- Trawsfynydd – Traws
- Trefdraeth – Tidrath
- Tymbl Uchaf – Top Tymbl

Yn aml mae ffurfiau anwes neu fachigol neu arbenigol yn datblygu mewn tref neu bentref neu yn yr ardal, ond mae'r ffurfiau llawnach yn aros mewn lleoedd sy'n bellach i ffwrdd. Mae'n hawdd newid a thalfyrru pan fo'n weddol amlwg at ble'r ydych chi'n cyfeirio. Cofiaf un o'm hathrawon Llydaweg, a oedd yn un o'r tîm oedd yn gyfrifol am benderfynu ar ffurfiau enwau pentrefi Llydaw, yn trafod hyn. Nododd y drafferth a godai yn weddol aml fod pobol rhyw dref neu bentref penodol yn taeru mai eu ffurf nhw oedd y ffurf 'gywir' a hwythau'n dadlau â phobol y wlad a'r pentrefi cyfagos oedd â ffurfiau llai cryno. Meddyliwch am gofis yn dadlau mai Cnafron yw'r ffurf gywir tra bo pobol Môn yn dweud Caernarfon neu Cnarfon. Bu raid wrth ddarbwyllo gofalus er mwyn cael cyfaddawd. Un peth cyffredin yw ein bod yn dueddol o ddefnyddio geiriau fel 'y dref' neu 'y llan' am yr un agosaf, ac ond yn ei ddefnyddio gyda phobol leol. Nodwyd hyn yng Nglyn-ceiriog 'Y Glyn' am Lynceiriog, a Llan am Langollen tra bod y Llanie eraill, Llanarmon, Llansilin, Llanrhuad (Llanrhaeadr ym Mochnant) Llangedwyn ac eraill yn y cyffinie yn dueddol o gael eu henwau llawn'.

A dyma ambell ynganiad Saesneg arloesol a glywyd yma ac acw:

- Betsy – Betws-y-coed
- Caeo (Caio ar yr hen arwyddion) – C.A. ten
- Come-and-go – Cwm-y-glo
- High Fridle – Hyfrydle
- Lan far Feckin (Arriva Trains Wales) – Llanfairfechan
- Machine Lathe – Machynlleth
- Peely-weely – Pwllheli
- Tudweiliog – Tiddlywinks
- Turn 'em over – Ty'n y Morfa

Mae'n siŵr bod pawb yn gyfarwydd â'r Seisnigo enwau lleoedd sy'n digwydd ar hyn o bryd. Dyma ambell sylwad, a dichon bod y fath brofiadau yn gyffredin i lawer. 'Yn siarad â Sais sydd wedi ymgartrefu yng Nghaernarfon ers blynyddoedd ddoe wrth fynd â'r ci am dro a mi ddaeth Llanfairfechan mewn i'r sgwrs. Where's that? medde fe wrtha i ac yn esbonio wrtho fe lle mae ac atebodd do you mean Lanfferffecan.' Gan frodor o Niwbwrch 'Gweithio efo Albanes unwaith, oedd pan yn blentyn wedi bod yn Llanfairfechan ar ei gwylia efo'r teulu. Y tad am ryw reswm yn casáu y lle ac yn galw y lle'n Llanfair-ffyxxn-fecken. Aeth hi'n ôl yw ysgol gynradd yn Glasgow, yr athrawes yn gofyn i'r dosbarth ble y buont dros wylia'r haf, cododd fy ffrind ei llaw a deud 'Llanfairffycinfecken Miss.'

## Ewythr, modryb

Mae'n siŵr bod y rhan fwyaf ohonom ni'n gwybod mai *ewythr* a *modryb* yw'r geiriau 'cywir', ond ein bod yn dueddol o ddweud *wncwl/yncl* ac *anti* yn amlach na pheidio. Ond mae colli'r geiriau gwreiddiol yn edrych fel rhywbeth gweddol ddiweddar. O leiaf, does na ddim enghreifftiau cynnar o *anti* ac *wncl* yn GPC, ond gellid ystyried mai'r rheswm am hyn yw y byddai ysgrifenwyr yn meddwl eu bod yn rhy ansafonol a Seisnigaidd. Er hyn, nododd sawl un fod *ewythr* a *modryb* ar lafar ymysg yr hen do. Ar lafar y ffurf arferol yw *ewyrth*, neu mewn rhai ardaloedd yn y gogledd-orllewin *dewy(r)th* (o *dy ewyrth*). Daw hyn â ni at fater cywair. Mae pobol yn dueddol o ysgrifennu *ewythr* a *modryb*, o leiaf mewn sefyllfaoedd ffurfiol. Gwneith *yncl* ac *anti* y tro yn iawn mewn tecst neu ar Facebook. Hefyd, yn y gogledd o leiaf, mae tueddiad i ddefnyddio *ewyrth/modryb* wrth gyfeirio at berthynas ond *yncl/anti* wrth gyfeirio at bobol benodol. Er enghraifft, byddai rhywun yn dweud: 'Mae o'n ewyrth i hwn a llall,' ond pethau fel 'Yncl Ifan ydi o.' Nodwyd bod *dewyrth* yn brin ymysg y to ifanc. Ym Mhencader byddai pobol yn dweud *nwncwl* a *nanti*. Ym Morgannwg cafodd y canlynol eu nodi: *owa* yn Aberdar, *awa* yn y Rhondda ac *ewa* yn Sgiwen. Ychwanegodd rhai bod yr arfer o ddefnyddio *wncl/anti* ac *ati* wedi diflannu ers cenhedlaeth neu ddwy, ac mai enwau priod yn unig a ddefnyddia'r plant. Nodwyd *bodo* yn Abertawe am fodryb, a *bopa* yn Dowlais. Ym Meirionnydd ac yn Rhosllannerchrugog *dodo* yw'r ffurf. Ym Mlaenau Morgannwg nodwyd *wwth* [ˈuˑʊθ] a *motryb* [ˈmɒtrɪb]. Mae'n debyg mai ffurf fachigol ar *ewyrth* yw *owa*. Y ffurf a geir ar gwrs dysgwyr Ceredigion/Powys yw *ewythr*, a dyma'r ffurf (gorsafonol braidd?) a nododd ambell gyn-ddysgwr.

Beth am darddiadau'r rhain? *'Eontr'* yw'r ffurf safonol yn y Llydaweg, a chyda'r gair hwn gallwn ail-lunio'r gair Brythoneg sef \*awon-tīr. Daw'r rhan gyntaf o'r un gwreiddyn â'r geiriau Lladin am 'brawd mam' sef \*auunculus. Efallai bod rhai eisoes wedi gweld mai hwn a roddodd *'avuncular'* yn Saesneg, a throdd hwn yn *oncle* yn Saesneg. Rydyn ni bellach yn dweud *yncl*, gair sydd felly yn tarddu o'r un gwreiddyn ag *ewythr*! Os edrychwn yn bellach yn ôl rai miloedd o flynyddoedd gallwn ail-greu'r ffurf PIE \*$h_2ewh_2$- sef 'perthynas gwrywaidd mewn oed nad yw'n dad'. Peidiwch â phoeni am yr $h_2$ yma. Dim ond dull ieithyddwyr o ddangos y sain *ch* (fel yn *chi, iach*) yw. Mae'r rhan olaf, sef y *tīr*, yn eiryn oedd yn golygu rhywbeth fel 'perthynas' ac mae i'w weld hefyd mewn geiriau Lladin fel *mater* (mam) a *pater* (tad). Mae hefyd i'w weld yn *mother, father, sister* a *brother*. Mae ei olion felly i'w gweld mewn ieithoedd sy'n tarddu o'r Lladin fel ag yn *madre* a *padre* (Sbaeneg), a *mère* a *père* (Ffrangeg). Mae *anti* yn llai o stori. Daw hwn wrth gwrs o'r Saesneg *auntie*, a ddaw yn ei dro o'r (Eingl-)Ffrangeg '*aunte*' o'r Lladin '*amita*'. Gair plant am fam oedd *ama*, ac mae *amita* yn ffurf fachigol, rhywbeth fel 'mamig' felly.

Ac wedyn, beth am *modryb*? Daw hwn o \**mātīr* (mam) gyda'r terfyniad *-yb*. Yn wahanol i'r Gwyddelod rydym ni wedi colli'n geiriau brodorol, ac mae'r ffurfiau anwes *mam* a *tad* wedi eu disodli. Ond mae'r bôn wedi aros yn y gair *modryb*, ac mewn ambell i fan arall. Y cyntaf yw ein gair ni am '*queen bee*' sef *modrydaf*. Daw hwn o *modr* (mam) a *bydaf* 'haid o wenyn'. Yn bell yn ôl mae *bydaf* yn perthyn i'r gair Saesneg '*bee*', ac mae o i'w weld yn yr enw lle ym Maldwyn *Llannerchfydaf*. Ystyr *modrydaf* felly yw 'mam yr haid'. I'r rhai ohonoch sy'n gyfarwydd â'r Mabinogi, mae'n debyg eich bod eisoes wedi meddwl am *Mabon fab Modron*, a'r *-on* ar y diwedd yn awgrymu rhywbeth fel 'dwyfol' efallai. Mae'r enw yn awgrym efallai o ryw hen chwedl goll. Mae'n ymddangos i'r Rhufeiniaid fenthyca enw'r dduwies Frythonig hon, ond eu ffordd nhw o ynganu \**Mātronā* oedd \**Matrōna*. Am ryw reswm dyma'r Brythoniaid yn benthyca y ffurf Ladin yn ôl i'w hiaith, gan roi *Madrun*, ac mae'r enw hwn i'w weld yn *Carn Fadryn* yn Llŷn.

## Fflachod, ffaga, ffagla

*Fflachod* yw un o brif eiriau'r Gogledd am hen esgidiau blêr, ond cyfforddus. Nododd un o Fethesda y byddai ei rieni yn dweud: 'Dos i newid dy 'sgidia, dwt ti ddim yn mynd i'r capal hefo'r fflachod 'na am dy draed.' Y math o hen esgidiau ydynt sydd wedi mowldio i'ch traed. Gair arall am yr un peth sy'n digwydd yn y Gogledd-orllewin yw *ffaga*. Ym Mangor nodwyd 'rhyw hen ffaga o sgidia', 'esgid wedi mynd yn ffagan' (WVBD 128). I ddeall hyn yn iawn dyma ddyfyniad o Fynytho: 'Roedd gan fy nain bâr o 'sgidia ffaga' yn benodol i fynd yn ôl ac ymlaen i'r cwt glo.' Ychwanegodd un 'ffaga byms' oedd nain yn ei ddweud (Penrhyndeudraeth). 'Byms' yn golygu 'crwydryn', efallai?' Yn Sarn Mellteyrn nodwyd *ffagla*, ac mae *ffaglod* yn hysbys yn Niwbwrch. Yn Sir Gâr dywedant *slaps*.

O ble daw'r holl eiriau hyn? Dechreuwn gyda *ffllachod*. Os edrychwn yn GPC fe gawn hyd i'r gair *ffollach*, sef 'math o esgid uchel', sef yr hyn a elwir yn '*buskin*' gan y Sais. A dweud y gwir, yr enghraifft amlaf yw'r lluosog *ffellych*, ac felly, fe welwch ein bod yn y Gogledd wedi llunio lluosog newydd. Y gwir, erbyn hyn, yw bod sodro terfyniad ar ddiwedd gair unigol dipyn yn rhwyddach na lluosogi trwy newid llafariaid. Mae'r terfyniad *-ach* yn ddigon cyffredin mewn geiriau fel *sothach*, *corrach*, *dynionach*. Fel arfer mae iddo ryw ystyr ddifrïol. Dim ond yn y lluosog y clywir y gair hwn, a does ryfedd gan ein bod yn dueddol o sôn am bâr. Felly, daeth *ffollachod* yn gyffredin, ac anghofiwyd am *ffollach*. Yn *ffollachod* mae'r acen ar y sillaf olaf ond un, ac felly, mae'r sillaf o'i blaen yn wan, ac weithiau (mewn rhai amgylchiadau), bydd y sillaf wan hon yn cael ei cholli. Felly, cawson ni *\*ffllachod*. Gobeithio nad oes angen egluro llawer pam y trodd *ffllachod* yn *ffllachod*. Mae'r ffaith fod *ff* yn ddi-lais yn peri bod y gytsain sy'n ei dilyn hefyd yn ddi-lais, cf. ynganiad y gair Saesneg *kettle*, lle mae'r *l* yn fwy fel yr *ll* Gymraeg.

Beth felly am *ffoll*? Mae hwn yn tarddu'n gwbl reolaidd o'r gair Lladin *follis* 'cwdyn'. Mae hwn i'w weld mewn geiriau fel *follicle*, ac edrychwch ar y drafodaeth am *bolio* i gwrdd â theulu mawr y gair hwn. Mae'n edrych felly fod yr ystyr wreiddiol, sef cwdyn o ryw fath, wedi dod i olygu esgid uchel, ac wedyn, hen esgidiau blêr. Ni wnaf fentro cynnig yma pam y digwyddodd hyn, ond mae croeso mawr ichi ddychmygu.

Beth am *ffaga(u)*? Mae hwn yn un digon hawdd, ac rydych eisoes yn gwybod am air sy'n perthyn, sef y Saesneg *fag*, am *sigarét*. Beth yw'r berthynas, a sut mae egluro hyn? Wel, ystyr wreiddiol '*fag*' oedd rhywbeth oedd yn hongian yn rhydd. Cyfeiriai '*fag*' yn wreiddiol at din sigarét fyddai'n hongian yng ngheg smociwr. Yn wreiddiol golygai unrhyw damaid o ddefnydd a fyddai'n hongian yn rhydd. Mae'n anodd gwybod o ble daeth *fflag*. Mae 'na ferf Saesneg '*flag*' sy'n golygu '*flap about loosely*', ond efallai mai rhyw gymysgu rhwng *fflachod* a *ffaga* a esgorodd arno. Ni wn o ble daeth *slap*.

## Glasrew, stania – *black ice*
*Glasraw* (glasrew) oedd y gair yn ardal Bangor am '*black-ice*' ryw ganrif yn ôl, ond mae'n ymddangos bod y gair hwn wedi mynd yn angof. Ym Môn defnyddir *barrug* am hyn 'cym bwyll wrth fynd i'r ysgol bora ma, mae'r lonydd yn berig efo barig'. Nodwyd *stania* yn Llandudoch. Mae *glas* yn air eang iawn ei ystyron yn y Gymraeg. Tybed ai *tryloyw* yw ei ystyr yma.

## Gorffen, dibennu, darfod, cwpla (LGW 112)
Mae'n debyg ein bod oll wedi clywed sawl un o'r rhain, yn enwedig gan ein bod yn teithio gymaint y dyddiau hyn, ac yn gwylio rhaglenni teledu gyda phobol o bob cwr o'r wlad yn siarad. Ond mae cryn dipyn o dueddiadau lleol yn aros yn ein defnydd o'r gwahanol eiriau. Un peth diddorol yw bod cynifer erbyn hyn yn gyfarwydd iawn â mwy nag un ffurf. Nid yw pethau mor ddu a gwyn â chenhedlaeth neu ddwy yn ôl. Efallai eich bod yn cofio'r bennod wych honno o *C'mon Midffild* (Mouthwalians a Tibetans) lle mae tîm pêl-droed o'r De wedi mynd i Fryn-coch. Un o'r chwaraewyr o'r De yn holi George "Ti di bennu?" (Wyt ti wedi dibennu?) ac yntau'n edrych yn ddiddeall arno ac yn ateb "Naci, George dw i", ac yntau wedi meddwl mai'r enw Saesneg Benny a ddywedwyd.

Yn fras, mae Môn yn dueddol o ddweud *darfod*, er bod *gorffan* yn gyfarwydd hefyd. Yng ngogledd-orllewin yr ynys clywir *dafrod*, gyda thrawsosod. Ond mae *darfod* hefyd yn hysbys ym Mhenllyn, Dwyfor a Meirionnydd. *Gorffan* sydd fwyaf cyffredin yn Arfon. O symud i'r de down i dir *bennu* (dibennu) yng Ngheredigion a Sir Gâr. Mae hwn yn dueddol o droi yn *pennu* yng ngogledd Sir Benfro. Wrth symud tua Morgannwg daw *cwpla* yn arferol, er ei fod i'w glywed yn Llambed hefyd. Nodwyd bod 'wedi darfod' yn Sir Feirionnydd yn golygu bod rhywun wedi marw, a nodwyd hyn yn Llanelli hefyd. Mae *cwblhau* yn cael ei ddefnyddio mewn cyd-destunau mwy ffurfiol, neu 'posh'. Yn Nyffryn Aeron nodwyd bod *diwedd* (heb derfyniad) ar lafar, e.e. 'Ma'r gawad wedi diwedd'. Nododd ambell un eu bod wedi ei glywed, ond na fyddent yn ei ddefnyddio. Mae LGW 112 yn nodi hwn ym Maldwyn hefyd, ond ni chafwyd llawer o atebion o'r ardal honno, ac ni wnaeth neb nodi *diwedd* yno.

O'r Rhondda cawsom ddisgrifiad manwl: 'cwplo, gorffan, diweddu, dibennu, dod i ben, darfod – 'cwplo' oen nhw'n arfer dweud hefyd nid 'cwpla', ac mae darfod yn gallu meddwl 'marw' am berson a 'caput' am beiriant, fel ffrij, ffwrn ne beth bynnag – odd Mrs Davies wedi darfod yr un amsar a'r ffrij newydd 'na brynws 'i llynadd; dyna wast arian odd 'wnna, ond do fa!' Nododd nifer o ddysgwyr o Forgannwg eu bod yn dweud *gorffen*, ac mae'n bur debyg mai dylanwad y cyrsiau Cymraeg yw hyn, neu efallai y llu o Gogs sydd wedi ymsefydlu yn y ddinas.

Fel y nodwyd eisoes, mae llawer iawn o gymysgu bellach, a dyma sylw gwych a gafwyd gan un o drigolion Gors-las: 'Yn yr un tŷ, roedd Dad yn dweud 'gorffen'; Mam, fi a 'mrawd yn dweud 'cwpla' a'n chwaer yn dweud, 'bennu'. Yr un cartref ond gwahanol ysgolion uwchradd. Dad – Llandeilo, Mam – Rhydaman, fi – Gwendraeth, fy mrawd a'm chwaer – Maes yr Yrfa. Rhyfedd o fyd, on'd yw hi!'

Cyfuniad o *gor-+pen* yw gorffen, a chofiwch mai treiglad llaes yn unig a barai *gor-* yn wreiddiol. Mae *gor-* yn rhagddodiad bach diddorol iawn. Petaech yn mynd yn ôl i'r Hen Gymraeg, y ffurf a glywech fyddai *\*wor-*, a rhai canrifoedd yn gynt, yn y cyfnod Celtaidd, *\*wer-* ydoedd. Pam y bu iddo newid fel hyn? Mae'n debyg mai dylanwad y gair *go-* (go dda, goferu, ac ati) sydd yma, a hwnnw'n dod o *\*gwo-* a ddaeth o *\*wo-*. Pan oedd *w-* ar ddechrau gair yn y Gelteg, trodd yn *\*gw-* mewn Hen Gymraeg. Mae'n debyg bod pobol wedi dod i feddwl am *\*wo-* a *\*wer-* fel parau cyferbyniol, gyda'r cyntaf yn golygu 'rhywfaint' a'r llall yn golygu rhywbeth fel *'very'* yn y Saesneg. Oherwydd y dyb bod yma ryw berthynas hanesyddol (ac nid oes mewn gwirionedd) aeth *\*wer-* yn *\*wor-*. Rhoddodd hyn y par *\*wo-* a *\*wor-*. Mae'r *\*wer-* hwn yn gyffredin iawn mewn Hen Gelteg, ac fe'i gwelwch yn enw'r arwr Celtaidd *Ver-cingetorix* ac yn *Vor-tigern* o'r bumed ganrif. Mae V yn y Lladin yma yn sefyll am *w-*. Os nad ydych yn haneswyr brwd, byddwch efallai yn gwybod am y cymeriad hwn o lyfrau Asterix. Beth am *\*g(w)o-*? Ydych chi'n gyfarwydd â Govan, yn Glasgow? *Go-+ban* yw hwn, a'r un *ban* ag yn Tryfan a Bannau Brycheiniog, a Bannock Burn. Mae'n golygu *bryn* neu *gorn*. Cyn y chwyldro diwydiannol roedd bryncyn deg llath o daldra ger eglwys Govan, a hwnnw â chopa gwastad. Dyma oedd man arwisgo brenhinoedd Brythoneg Ystrad Clud. Mae *pen* yn ddigon cyffredin mewn enwau lleoedd yn Lloegr, a byddai rhai'n ystyried y rhain yn diroedd coll. Mae hefyd yn digwydd yn *Pennan*, ar arfordir Moray i'r dwyrain o Inbher Nis (Inverness). Dyma un o'r lliaws enwau lleoedd sy'n dangos bod y Bicteg (iaith neu dafodiaith y Pictiaid) yn perthyn yn agos i'r Gymraeg. *Ceann* yw'r ffurf mewn Gaeleg, ac mae hwn yn dangos sut y mae c (o *\*kw*) yn cyfateb i *p* yn yr ieithoedd Brythoneg. Ac mae'r *pen* hwn i'w weld hefyd yn *dibennu*.

O *dar-+bod* y daw *darfod*. Daw *cwpla* o cwbl. Mae'r ffurfiau Cernyweg cytras, *coul* a *cowal* yn dangos mai o *\*cwfl* y daw'r gair Cymraeg, ond mae'r tarddiad pellach yn ansicr.

## Gwaun / gweun

Dyma air am dir uchel corsiog, rhywbeth y mae gennym ddigon ohono yng Nghymru. Mae ganddo ffurf reolaidd a disgwyliedig, ond mae'r ynganiad *gweun* (neu *gwein* yn y De) yn hynod o gyffredin. Mae'n anodd iawn gweld patrwm yn y dosbarthiad gyda rhai yn nodi *(g)weun* a phobol eraill o ardal gyfagos yn mynnu mai *gwaun* yw'r ynganiad. Mae'r amrywiadau hyn yn cael eu nodi gan ffermwyr hefyd, sef pobol fydd yn defnyddio'r gair yn rheolaidd. Erbyn hyn mae'r *g-* wedi'i golli gan lawer iawn. Y gwir am lawer o eiriau Cymraeg yw ein bod yn eu clywed yn amlach na pheidio yn eu ffurfiau treigledig e.e. *y waun, dwy waun, i waun*, ac felly, mae tueddiad weithiau i'r ffurf dreigledig ddisodli'r ffurf wreiddiol. Mewn ambell enw lle *gweun* yw'r ffurf leol, a'r ynganiad yn gadarn yn y cylch. Enwau felly yw 'Abergweun' ac 'Y Weun' am Waunfawr (Arfon). Dyma un o'r geiriau cynharaf yn y Gymraeg a gadwyd inni. Mae'n digwydd mewn siartr yn Llyfr Teilo o'r nawfed ganrif, a'r ffurf yno yw *guoun* (gwoun). Mae'r siartr hon yn disgrifio ffiniau hen diriogaeth ger Llandeilo, a dyma un o'r darnau hirion cyntaf o Gymraeg ysgrifenedig sydd ar glawr.

## Gwd

Dyma drafodaeth fywiog, a dweud y lleiaf, gyda gwŷr a gwragedd y De yn ddigon bodlon ar eu defnydd o'r gair 'Saesneg' *gwd*, tra bo cryn dipyn o ferched a bechgyn y Gogledd yn ystyried hyn yn fratiaith.

Yn y De mae *gwd* yn gwbl naturiol. Yn Llandysul dywedir bod 'gwd achan a gwd boi'n gwd geirie'. Ym Mhencader clywir 'Ma fe'n rîal gwd thing', 'Mae hi lot yn well heddi – o gwd', 'Whare teg i ti. Gwd boi', 'Fi'n mynd nawr. Na fe te, gwd'. Bydd pobol hefyd yn defnyddio *gwd* ar ddiwedd sgwrs e.e ''na fe 'de, gwd!', a 'gwd nawr!' wrth ffarwelio yn lle 'hwyl fawr; neu i fynegi amheuaeth 'îe, gwd nawr!' Nodwyd ei fod yn air hyblyg iawn yn Ffostrasol! Eglurodd un ieithydd inni fod *gwd* yn gweithredu fel ebychiad o gadarnhad yn dilyn gosodiad neu gwestiwn, e.e. 'Ody pob un yn galler clwed? Gwd!' Clywir *Shwt wyt ti? Ti'n feri gwd?* yn aml yng Ngheredigion. Byddai *are you very good?* yn hollol amhosibl yn Saesneg.

Aeth y sgwrs yn dawelach arnon ni'r Gogs ar ôl i gyn-ddysgwr o Geredigion nodi bod 'ddim yn bad' ar dafod leferydd yn Arfon. Y gwir yw bod ieithoedd yn benthyg geiriau o hyd, ac yn aml, mae'n cyfoethogi'r iaith. Cofiwch na ddisodlwyd *da*. Bydd ieithoedd yn benthyg geiriau yn gyson, ac yn aml, mae'n arwydd bod iaith yn fyw ac yn llawn egni. Efallai bod rhaid cydnabod mai gair gwd yw *gwd* a bod *bad* ddim yn bad.

## Harddach / rheitiach: 'gweddus'

Holwyd ym mha ardaloedd roedd y geiriau cyfystyr hyn ar lafar, h.y. geiriau sy'n cyfleu *mwy gweddus*. Yr enghraifft a roddwyd yn y postiad oedd 'harddach i ti droi dy gefn na chyboli efo cranc mawr' (Niwbwrch), a chafwyd hefyd ''sa'n harddach iddo fo fod adra efo'i deulu' (Niwbwrch eto!). Nodödd pobol o Ardudwy i Ddwyfor hefyd fod y defnydd hwn yn hysbys. Mae *rheitiach* yn fwy cyffredin yn y Gogledd-orllewin.

Mae tarddiad *hardd* yn ansicr ond mae'n bosib mai'r un gair yw ag '*ardd*', gyda'r *h* yn anhanesyddol (hynny yw, yn greadigaeth arloesol sydd ddim yn mynd yn ôl i'r gwreiddyn). Dim ond mewn enwau lleoedd y gwelir hwn erbyn hyn fel Ardd-lin, Pennardd, a Harddlech (o \*Arddlech mae'n debyg). Yr ystyr wreiddiol oedd *uchel*, *dyrchafedig*. Mae'r gair cytras Gwyddeleg yn digwydd yn aml mewn enwau lleoedd dan y ffurf '*ard*'. Y ffurf Geltreg oedd \**ardu-*, ac mae hwn i'w weld yn enw'r ardal fryniog yn ne Gwlad Belg, sef yr Ardennes. Y gair cytras Lladin yw '*arduus*', a rhoddodd hwn yr ansoddair Saesneg '*arduous*'. Y ffurf gytras yn Groeg yw '*ortho*' (syth, union) ac mae hwn i'w weld mewn geiriau fel '*orthodox*'. Nid yw tarddiad *rhaid* yn sicr, ond mae GPC yn cynnig yn betrus mai benthyciad o'r gair Lladin '*ratio*' (ystyried, deall) yw. Os felly, byddai'n dod o'r gwreiddyn PIE \**re-* sy'n golygu 'ystyried, cyfri'. Rhoddodd hwn eiriau Saesneg fel '*reason*' a '*ratio*' (Ffrangeg o'r Lladin). Gellwch weld y gwreiddyn Germaneg cytras mewn nifer o eiriau Saesneg fel '*read*' (darllen), '*riddle*', a hefyd yn rhan olaf '*hundred*', '*hatred*', '*kindred*' ac enwau personol fel Alfred, Conrad, Ethelred the Un<u>ready</u> (a gynghorwyd yn wael).

## Iâ, rhew, barrug

Mae'n debyg mai *iâ* oedd y gair gwreiddiol am '*ice*', a dyma sy'n arferol yn y De. Y gair am '*frost*' oedd *rhew*, a dyma yw ei ystyr o hyd yn y De a hyd yn oed mor ogleddol â Maldwyn. Am ryw reswm collwyd *iâ* yn y Gogledd a chymerodd *rhew* ei le. Dim ond yn *hufen iâ* y digwydd, sy'n greadigaeth newydd – pethau fel *ais-crîm* a ddywed llawer o hyd. Symudodd *rhew* i gymryd lle *iâ*, a chreodd hyn fwlch, a bathwyd *barrug*. Yn y De aethpwyd yn bellach ac ehangu *rhew* yn *llwydrew*, er bod *rhew* ar ei ben ei hun ar lafar hefyd. *Llydrew* yw'r ynganiad arferol, gyda *llytrew* ym Morgannwg, er bod *llwydrew* a *llwytrew* i'w clywed hefyd. Mae'n rhaid bod y newidiadau hyn ar droed erbyn yr Oesoedd Canol gan fod cofnod o'r gair *llwydrew* yn y drydedd ganrif ar ddeg.

*Llydrew* a *llidrewi* a glywir yng Ngheredigion, gyda rhai yn dweud *llytrew*. *Lletrew* ym Mhorth Tywyn a Glyn Llwchwr. Os awn ymhellach i'r de mae'n troi yn *llitrew*, gyda *llitraw* yng Ngwaucaegurwen. *Llwytro* a *llwytrewi* a gafwyd yn y Rhondda, ond nododd llawer yn y De bod *llwydrew* yn gyfarwydd. Yn rhyfedd ddigon mae'r gair *llwydrew* yn gyfarwydd iawn i'r Gogs, er nas nodwyd o gwbl yn The Welsh Vocabulary of the Bangor District (1913). Mae llawer yno hefyd yn nodi na chlywsant erioed 'mo'r gair hwn. Yn ôl The Linguistic Geography of Wales (46a) y ffurf arferol i'r de o Drawsfynydd yw *llwydrew*, gyda *llwydrew* a *barrug* yn digwydd ym Maldwyn. *Brigo* (barugo) yn unig sydd i'r gogledd o'r ardaloedd hyn. Tybed ai *llwydrew* yw ffurf safonol y cyfryngau ac mai ei glywed ar ragolygon y tywydd sydd wedi mynd ag ef i'r gogledd pell. Ffurf gyffredin y Gogledd yw *brigo*. Ar lafar mae *barrug* yn cael ei ynganu fel *barrig*. Y ferf yw *barugo* ond ar lafar caiff y llafariad gyntaf, sy'n ddiacen, ei cholli ac mae'r *u* ddiacen yn troi'n *i*, gan roi *brigo*.

Mae cryn dipyn o bethau diddorol i'w dweud am y geiriau hyn. Dechreuwn ag *iâ*. Mae hwn yn dod o wreiddyn PIE ar ffurf *\*jeg-*. Mae'r *j* yma yn cynrychioli'r un sain ag ar ddechrau *iâ* ei hun. Beth am *rhew*? Mae gennym y gair mewn Hen Gernyweg, sef *reu* (rew) a'r Llydaweg Canol *reu*. Clywir '*reo gwenn*' (rhew gwyn) o hyd yn y Llydaweg am hyn. Efallai bod rhai ohonoch yn gwybod mai un o nodweddion safonol yr Hen Gelteg yw ei bod wedi colli y sain *p*. Mae olion ohoni yma ac acw yn y Gymraeg, ond rhywbeth i'w drafod yn rhywle arall yw hwnnw. Sain arall a gollwyd, ond y tro hwn o ganol geiriau oedd *s*. Nawr 'te, trwy gymharu ag ieithoedd eraill mae modd ail-lunio'r ffurf PIE yn weddol hyderus a *\*prewso-* fyddai hwnnw. Rydw i wedi addasu'r sillafu ychydig yma, er mwyn hwyluso'r egluro. Cofiwch inni golli'r *p* gan roi *\*rewso-* ac wedyn golli'r *s*, gan roi *\*rewo-*. Terfyniad gramadegol yw'r *o* felly nid oes eisiau poeni amdano yma. Yn yr 'Oesoedd Tywyll' y trodd *r-* yn *-rh-* yn y Gymraeg, datblygiad oedd yn cydredeg â datblygiad y sain *ll* o *l*.

Pam felly yr wyf yn mynd ar ôl yr holl fanion hyn, meddech chi. Wel, mae'n debyg eich bod oll yn gyfarwydd â straeon fel *Eira Wen*, *Rapunzel* a

*The Princess and the Frog*. Efallai bod rhai ohonoch eisoes yn gwybod mai o gasgliad a wnaethpwyd yng nghanol y bedwaredd ganrif ar bymtheg gan Almaenwr o'r enw Jacob Grimm y daeth y rhain. Nid casglwr straeon gwerin yn unig ydoedd ef ond, gyda'i frawd Wilhelm, efe oedd un o sylfaenwyr craidd disgyblaeth ieithyddiaeth hanesyddol. Yr ieithoedd Germaneg oedd eu prif faes a nhw a ddarganfu 'gyfraith Grimm' (ynghyd â nifer o gyfreithiau mewn gwirionedd) a ddangosodd sut y bu i'r seiniau canlynol newid rhwng PIE a Germaneg (mamiaith yr Almaeneg a'r Saesneg ac iaith Gwlad yr Iâ er enghraifft).

| p | > | f  |     |    | b | > | p |
|---|---|----|-----|----|---|---|---|
| t | > | th |     |    | d | > | t |
| c | > | ch | (>  | h) | g | > | c |

Dyma pam rydym ni Gymry yn dweud *tri* tra bo'r Saeson yn dweud '*three*', *cant* a hwythau *hund(red)*. Hefyd *deg* a *ten*. I ble mae hyn oll yn arwain? Wel, er mwyn dangos y cysylltiad rhwng *rhew* (< \**prews-*) â geiriau Saesneg rydych oll yn hen gyfarwydd â nhw, sef '*freeze*' a '*frost*' hefyd yn perthyn. Pwy fyddai'n meddwl mai'r un gair yw *rhew* a '*frost*'?

O ran *iâ* rydych chi hefyd yn gyfarwydd â'r gair Saesneg sy'n perthyn iddo, sef ail ran '*icicle*'. Daw hwn o Saesneg Canol '*isykle*´ sef '*ice* + *ikel*). Edrychwch ar y siart uchod, a gwelwch fod *g* PIE yn troi'n *c*. Y rhan olaf '*ikel*' sy'n tarddu o'r \**jeg-* a roddodd *iâ* i ni.

Beth am *barrug*? Er nad yw GPC yn nodi tarddiad, gellid tybio ei fod yn tarddu o'r gair *bar* 'pen, blaen, brig' a'r un terfyniad ag a welir yn *seithug* ac efallai *caddug*. Yr ystyr fyddai'r hyn sydd ar y brig, hynny yw'r rhew sydd ar frig gwair wedi noson rewllyd. Mae'r *bar* hwn i'w weld mewn enwau lleoedd fel Crug-y-bar (Sir Gâr) a Berwyn. Trodd yr *a* yn *e* dan ddylanwad yr *y* yn y sillaf olaf, \**Barwyn* > Berwyn. Mae'n bur debyg mai dyma sydd yn yr enw lle Dunbar yn yr Alban, sef enw o gyfnod Brythoneg yr Hen Ogledd. Mae hefyd i'w weld yn yr enw Gwyddeleg *Findbarr*, sef yn â phen (gwallt?) gwyn.

## Iafu, iau, afu (LGW 203) – *liver*

Mae map yn *The Linguistic Geography of Wales*, ac mae'n ymddangos nad yw'r sefyllfa wedi newid llawer yn ystod yr hanner can mlynedd diwethaf. Yn syml, *afu* yw ffurf y De, *iafu* ym Mro Ddyfi, ac *iau* i'r Gogledd. Nododd un iddo glywed *afudd* gan hen bobol yn ardal Pontsiân. Nodwyd hefyd mai *iau* oedd y ffurf yn y gwersi bioleg yn yr ysgol yng Nghaerdydd. Mae *iau* ac *afu* ar lafar yn Nyffryn Camwy yn y Wladfa.

Nid yw'r tair ffurf hyn yn cyfateb yn rheolaidd i'w gilydd. Mae'r ffurf Hen Gernyweg '*aui*', y Llydaweg '*avu*' yn awgrymu mai'r ffurf *afu* yw'r ffurf wreiddiol. Hen Wyddeleg '*óa*'. Digwydd *avu* mewn llawysgrifau o'r bedwaredd ganrif ar ddeg, a does dim enghreifftiau cynnar o *iau*, sy'n cadarnhau hyn. Gellid cynnig bod *i-* wedi datblygu o flaen *afu* am ryw reswm gan roi *iafu*, ond mae'r rhain yn newidiadau gweddol annisgwyl gyda'i gilydd. Efallai mai dylwanwed *iau* y Gogledd sy'n gyfrifol. Mae GPC yn ei gymharu'n betrus â'r gair *iau* '*yoke*'. Efallai, wedyn, i *iafu* droi yn *iau* yn y Gogledd, ond nid yw hyn yn egluro tarddiad yr *i-*. Nododd un fod y blaned Iau yn rheoli'r *afu*, ac efallai, oherwydd anawsterau'r ffurf y byddai'n werth bwrw golwg ddyfnach ar hyn. Hynny yw, tybed mewn oes lle roedd swyngyfaredd ac astroleg yn ganolog i fywydau llawer, i rywun ystumio *afu* yn iau. Ni wyddom o ble daw'r gair *avu*.

## Llechwedd – ochr serth bryn
Dim ond yma ac acw y nodwyd bod y gair hwn ar lafar, er ei fod yn gyffredin iawn mewn enwau lleoedd. Un enghraifft yw Cantref Arllechwedd sy'n ymestyn o Fangor i Gonwy. Mae *ar-* yn y cyd-destyn hwn yn golygu 'wrth ymyl, yn wynebu'. Arllechwedd yw'r cantref sydd yn bennaf ar lethrau Eryri. Arfon yw'r ardal sy'n wynebu Môn, ac Aremorica yng Ngâl yw'r ardal sydd ar hyd y môr.

## Lloegr a Lego
Ym Môn a'r cyffiniau yr ynganiad llafar yw *Lloigar*. Wrth fynd i'r de ceir mwy o ynganiadau fel *Llougar*. *Lloiger* neu *Lloeger* yw ym Mhenllyn a De Cymru. Ceir *Lloegier* ym Maldwyn. Nododd sawl un mai *Lloegr* oedd yr ynganiad, neu *Lloegyr*. Y rhai cyntaf yw'r ffurfiau llafar lleol, tra mai dylanwad yr iaith ysgrifenedig sy'n gyfrifol am y ddau olaf.

Nododd un yr englyn hwn.

Yn Ffrainc fe yfais yn ffraeth – win lliwgar
    Yn Lloegr cawl odiaeth,
    Yn Holand menyn helaeth.
    Yng Nghymru llymru a llaeth.

Cerdd yw o waith Huw Llwyd o Gynfal (1568?-1630?), anturiaethwr a milwr dewr ar faes y gad yn Ffrainc a'r Iseldiroedd.

Digwydd yr enw yn un o gerddi 'hanesyddol' Taliesin, er bod cryn ansicrwydd a luniwyd y fersiynau gwreiddiol mor gynnar â'r chweched ganrif:

'Cysgid Lloegyr llydan nifer
A lleufer yn eu llygaid'

*Cysga llu mawr Lloegr*
*Â golau'r lleuad yn eu llygaid.*

Hynny yw mae'r gelyn yn gorwedd yn farw ar faes y gad ym mherfedd y nos, â'u llygaid yn lled agored yn edrych ar y lloer. Delwedd ysgytwol.

Bu cryn ddadlau am darddiad *Lloegr*, ond mae'r ieithydd a'r toponomegydd Richard Coates wedi cynnig yn ddiweddar mai benthyciad cynnar i'r Frythoneg o iaith Germaneg yw, un a ddigwyddodd yn ystod y cyfnod Rhufeinig. Ei ddadl ef yw bod *Lloegr* yn deillio o air *laikārōs* 'performers of exploits, warriors'. Cofiwch bod Germaneg yn y cyfnod hwn yn cyfeirio at famiaith ieithoedd fel iaith Gwlad yr Iâ, Almaeneg a Saesneg. Mae bôn y gair hwn yn fyw o hyd yn y Saesneg, o leiaf yma ac acw. Dyna, mae'n debyg sydd wrth wraidd 'to lark about', gair y mae ei ffurf ysgrifenedig wedi ei ddylanwadu gan enw'r aderyn. Gellid, er enghraifft, glywed rhyw Sais gogleddol yn gweiddi o derasau'r cae pêl-droed *'Art' laikin fer 'tother sahd?'* (Wyt ti'n chwarae dros yr ochr arall?). Y ffurf dafodieithol yw *lake/laik* (to play, frolic, make sport), gair sy'n dod o Hen Norseg y Llychlynwyr, sef *'leika'* (chwarae). Cofiwch fod dylanwad iaith y Llychlynwyr yn drwm ar dafodieithoedd Gogledd Lloegr. O'r gwreiddyn PIE *leig-* y daw hwn, ac mae i'w weld yn y gair Cymraeg *llam*. Mae GPC yn nodi ei fod yn tarddu o'r ffurf Gelteg gynnar *lng-s-mn,* a'i fod i'w weld yn yr enw lle Galaidd *Lingones*, sef Langres heddiw, er bod angen sylwadau dwys am ambell anhawster yma.

Felly, y cynnig yw bod gan y Saeson cynnar enw ar ei hunain a olygai 'ymosodwyr, llamwyr' ac i'r Brythonaid ei fenthyg dros fil a hanner o flynyddoedd yn ôl. Er mwyn taflu dŵr oer ar y meddyliau rhyfelgar hyn, rydw i am dynnu sylw at y ffaith eich bod oll yn gwybod am air arall cytras, sef y cymal Daneg sy'n golygu 'chwaraewch yn dda' sef *'leg godt'* (good). O hwn y bathodd y gwneuthurwyr yr enw... **Lego**. Mae *Lloegr* a *Lego* felly yn perthyn, o bell rhaid cyfaddef, i'w gilydd.

*Pow Sows* a ddywedir yn y Gernyweg a *Bro Saoz* yn y Llydaweg. *Sais* sydd yma wrth gwrs, a hwnnw yn ei dro yn tarddu o'r Lladin 'Saxones'. O'r Germaneg y cawsant hwy'r enw, ac mae'n cyfeirio at *'seax'*, sef math o gyllell hir. Efallai mai enw ar grŵp penodol oedd, ac iddo ddatblygu'n *'ethnonym'* (enw ar 'bobl') yn ddiweddarach.

## Llynwen (FWI 130) – *puddle*
Gair o ardal Dre-fach Felindre yw hwn, ac un sydd ddim yn gyfarwydd iawn i lawer. Golyga bwll bach o ddŵr e.e. 'O ma'r ci na wedi gadel llynwen o ddŵr eto ar lawr y gegin.' *Pwll o ddŵr* a ddywed y Gogs, tra bo rhai yng Ngheredigion yn nodi *pwllyn*. Mae ei darddiad yn ansicr, ond mae'n debyg ei fod yn cynnwys y gair *llyn*.

## Llwffian, sglaffio, llowcio, storgatsio – *to gobble* (GDD 190, WVBD 491)
Beth fyddwch chi'n ei ddweud am stwffio ceg yn ormodol wrth fwyta? Mae'n siŵr nad yw'n ormod o syndod, ond mae llawer o eiriau am hyn yn yr Henwlad. Mae *stwffio*, o'r Saesneg wrth gwrs, yn ddigon cyffredin ym mhob cwr o'r wlad. Yr ynganiad arferol yn y De yw *stwffo*, ond clywir *stwffian* yn Dre-fach Felindre.

Am fwyta'n sydyn mae *llowcio* yn gyffredin yn y Gogledd, a *sglaffio* hefyd, gyda rhai yn dweud *slaffio*. Yn ardal Caernarfon gall rhywun *chwalu* e.e. 'Nesh i chwalu'r pizza 'na'. Yn y Gogledd mae *claddu* yn ddigon cyffredin am fwyta llawer yn gyflym. Ym Môn *storgajio*, *storgatsio*, *strygatsio* neu *stagajio* fydd pobol farus wrth fwyta sothach – 'does 'na ddim digon o fwyd wedi ei greu ar gyfer y plant 'ma. Tydyn nhw'n storgatsio o fora gwyn tan nos' (ISF 71). Yn Llansanffraid defnyddir *sbyddu* (dihysbyddu; gwagio). Yn Sir y Fflint ceir *clwffian* neu *clwffio*, ac mae *difa bwyd* yn hysbys yn y Groeslon.

Ym Mlaendulais bydd rhywun barus yn *bolgan*, ac ym Mhenfro *lwffian*: 'Bu tipyn o lwffian ers y lockdown'. *Lwffan* oedd y ffurf yn Llandudoch. Yn Ystalyfera *llwmpran* y bydd bolgi, ond *llimpro* y bydd ym Mhontarddulais, a *llympro* yn Gors-las. Yng Ngheredigion a Bro Ddyfi *bochio* a wneir, ond *bochian* yn Abergwaun ac yn Llangybi yn y Gogledd. Yn Llangeitho nodwyd: 'Paid â stwffo, neu draflyncu ... ac yna petawn yn orlawn – fi wedi ffogo!'.

Mae gan GPC bethau diddorol i'w dweud am *lwffian*. Dim ond yn 1876 y cofnodwyd y gair a'i amrywiadau am y tro cyntaf, ac mae'r tarddiad yn gwbl anhysbys er y gellid tybio mai o'r Saesneg y daeth. Ar lafar yn Nyfed, 'Mae e'n llwffian 'i fwyd fel ci' '*He gobbles his food like a dog*' (GDD 190), hefyd yng ngodre Ceredigion: 'lwfian, sôn a siarad am yr oll a wyddys'. Yn nwyrain Morgannwg dywedir fod 'sgitsia yn lwffan' pan fydd esgidiau yn symud i fyny ac i lawr ar y traed am eu bod yn rhy fawr. Mae tarddiad *llowcio*, *sglaffio*, *storgatsio* a *lwffian* oll yn dywyll.

## *Linoleum* / orcloth

'Pwy sy'n dweud *orcloth* am '*linoleum*' fel yn Stiniog?'. Dyma sut y cychwynnodd y sgwrs ddifyr hon. Gorchudd llawr yw *linoleum*, *leino* fel arfer ar lafar, ond mae rhai yn dweud *orcloth* am hwn. Daw hwn o *oelcloth*. Rhywbeth i'w roi ar fwrdd oedd hwn mewn gwirionedd. Dyma ddiffiniad GPC ohono: 'Brethyn neu ddefnydd wedi ei drin ag olew i'w wneud yn ddwrglos, yn enw. fel gorchudd bwrdd; linolewm, leino'. Tybiai rhai, yn ddigon rhesymol, mai llygriad o '*floorcloth*' yw, ond y gwir yw mai o'r Saesneg *oilcloth* y daw. Yn wir, mae *oilcloth* a *leino* ill dau ar lafar ym Mrynaman, ond mae llawer yn gwahaniaethu rhwng y ddau, gan nodi bod *oilcloth* / *orcloth* i'w roi ar fwrdd (neu ford) ond mai ar y llawr yn unig y gosodir *leino*. Yn rhyfedd ddigon cawsom wybod bod *oilcloth* ar lafar yn y Wladfa. Nid yw *orcloth* yng Ngeiriadur Prifysgol Cymru, efallai oherwydd bod y fath amrywiad tafodieithol (a benthyg ymadrodd o'r iaith fain) wedi 'pasio dan y radar'. Yn wir, mae'n ymddangos mai ffurf ogleddol iawn yw, gyda *oilcloth* yn y de. Ym Mhantpastynog, Sir Ddinbych, cawsom y sylwad: '*Leino* ar lawr, a *ricloth* ar y bwrdd'. Mae'n ymddangos bod cryn gymysgu rhwng *orcloth* a *leino* yn y Gogledd tra bo Hwntws yn bendant mai ar gyfer y ford yn unig mae *oilcloth*, er bod rhai (Glynceiriog) yn cadw'r gwahaniaeth.

Pam felly mae *oilcloth* wedi troi'n *orcloth* yn y Gogledd? Wn i ddim pam y symleiddiwyd y ddeusain *oi* yn *o*, ond mae'n debyg mai dadfathiad sy'n gyfrifol am droi'r *l* gyntaf yn *r*. Cyn rhuthro am y geiriadur neu ddychryn wrth ddarllen geiriau technegol, gadewch imi egluro. Y gair Saesneg yw '*dissimilation*', a'r hyn mae'n cyfeirio ato yw pan fo seiniau tebyg mewn gair yn dod yn llai tebyg. Mae'n broses ddigon cyffredin yn ieithoedd y byd, ac yn yr achos hwn gellid amau mai er mwyn osgoi cael dwy *l* yn yr un gair y digwyddodd: *oilcloth* > *orcloth*. Ond wedi dweud hynny, efallai na fyddai'n wirion cadw golwg ar y gair *floorcloth* a nodwyd uchod.

Ond cyn gadael y drafodaeth hon, beth am edrych ar darddiad *linoleum*.

Y dyfeisydd o Sais Frederick Walton (1837-1928) a fathodd y gair yn 1860 gan ddefnyddio'r gair Lladin *linum* 'llin, lliain' ac 'oil'. Yn wreiddiol gorchuddid cynfas ag olew llin er mwyn gwneud deunydd addas i'w osod ar lawr. Fe ddaeth y gair *linum* i'r Gymraeg hefyd gan roi inni *llin* 'flax', ac o hwn y byddai ein cyndadau yn gwneud *llinyn*. Gallai hwn gyfeirio at *'linen'* hefyd, cyn inni gyfyngu'r ystyr i *'string'*.

## Long ago
Os ewch i Sir Benfro yr hyn a glywch am *'long ago'* yw *'slawer dy'*, hynny yw rhywbeth fel *'Sut ych chi slawer dy?'* Mae'n siŵr bod y rhan fwyaf ohonoch eisoes yn gyfarwydd ag arfer y sir o beidio ynganu'r *-dd* ar ddiwedd geiriau, felly cawn *perfe* am *perfedd*, ac *we* am *oedd*. Ond beth am y *slawer*? Petach chi'n mynd yn ôl i'r Oesoedd Canol yr hyn a glywsech fyddai rhywbeth fel *ers llawer* neu yn bellach yn ôl fyth *er ys llawer*. Felly trodd *er ys llawer* pobol fel Dafydd ap Gwilym ar lafar gwlad yn *slawer*! Bydd llawer yn y De yn dweud *ers ache*, er enghraifft, *'Heb dy wel' ti ers ache!'* *Ers ioncs* a glywir yn Hendy-gwyn ar Daf, *ers tro fowr* yn Llan-y-bri. Yn y Gogledd mae *ers talwm*, *ers cantoedd*, *ers oes pys*, *ers tro byd* yn gyfarwydd iawn.

## Llefain, wylo, crio
Mae sawl modd i gyfleu hyn oll yn y Gymraeg. *Beichio crio* sydd fwyaf cyffredin yn y Gogledd, a gellir dweud bod *dagrau'n powlio i lawr* wyneb rhywun. Yn Llŷn bydd rhai yn *hornio crio*, ac yng Nglynceiriog bydd plant yn *nadu'n hidl*. Nodwyd yr *wylo yn hidl dost* Beiblaidd ym Mlaenau Ffestiniog.

Mae *llefen y glaw* yn gyffredin iawn yn y De, gyda *llefen y dŵr* yn Llambed, *llefen pwll y môr* yn Gors-las, a rhai yn nodi *llefen myrdyrs* neu *mwrders*. Ceir *boechen crio* yng Ngheredigion a Sir Benfro a *boichad* yn Llanpumsaint. Nodwyd *hwben* yn Sir Benfro tra mai *hwban* sydd yn Llambed.

Mae'n debyg bod *boechen* yn perthyn rywsut i *beichio*, ond mae tarddiad y ddau'n aneglur. Un o eiriau'r Gogs am 'rowlio' yw *powlio*. O *llef* y daw *llefain*, a'r gair am y cyntaf yn y Llydaweg yw *leñv*, ac mae'r llafariad drwynol sy'n cael ei nodi gan ñ yn dangos mai o *lem-*, yn hytrach nag *leb-*, y daw hwn, ond mae cysylltiadau pellach y gair hwn yn ansicr iawn. Ansicr hefyd yw tarddiad *wylo* er bod y ffurf Gernyweg *(w)ole* a'r Llydaweg *gouelañ* yn dangos bod y gair yn bodoli yn ystod y cyfnod y siaredid y Frythoneg ynddo.

### Llefeleth, clem, obadeia (FWI 123, ISF 58, GDD 71)

Nodwyd bod *dim llefeleth* neu *llyfeleth* yn gyfarwydd yng Ngheredigion a Sir Gâr am *dim syniad*. Yn Llangennech nodwyd *nelfeth*. Digwydd *dim clem* o Fôn i Lanelli. Mae *dim obadia* yn gyfarwydd yn y Gogledd-orllewin, ond mae'n brin ymysg y to ifanc erbyn hyn. Ym Mlaenau'r Cymoedd mae *dim amcan* yn gyffredin. Nodwyd y canlynol yn y Rhondda: y *clem ishdag yw a!* (*'e's an 'effin idiot!*). Mae *ishda* yn golygu 'tebyg' a daw o *yr un sut â*. Digwydd *dim idea* yma ac acw hefyd.

Gair am ddernyn o ledr, neu fetel, a roddir ar flaen gwadn esgid yw *clem*. Sonnid am *glem* a *phedol* yn Llanfairpwll, gyda phedol yn mynd ar y sawdl. Y syniad yn y Gymraeg yw mai'r *clem* sy'n gafael yn y llawr. Bod heb glem yw bod heb afael. '*I haven't got a grip/grasp on it*' ys dywed y Sais. Daw *llefelaeth* (ac ati) o'r Saesneg '*level*'. Yr ymadrodd yn yr iaith iaith fain yw '*to level, to guess at, make level*'. Dywed GPC mai o enw personol *Obadeia* y daw'r gair olaf, a hwnnw dan ddylanwad y Saesneg '*idea*'.

### Maddau (WVBD 359)

I'r rhan fwyaf heddiw ystyr *maddau* yw '*to forgive*', ond roedd yr hen ystyr yn debycach i 'gollwng, ymadael â', ac mae'r ystyr yma ar lafar o hyd yma ac acw yn y Gogledd. Mae'n gyffredin yng nghyd-destun bwyd, fel methu gwrthod rhyw ddantaith amheuthun. Er enghraifft, yn Sir Ddinbych, 'Fedri di yn dy fyw fadde i'r pwdin 'na, fedri di?' Ym Môn gellir ei ddefnyddio am brynu rhywbeth nad oedd angen ei gael, e.e. 'Mi oedd y sgidia mor ddel fedrwn i ddim madda, a rhaid oedd i cael nhw', 'Fedra i'm madda i bwdin reis!', neu 'Fytis i'r gacen cyn cyrraedd adra, fedrwn i'm peidio madda iddi hi'. Yng Nghroesor 'Fedra i'm maddau i glasiad bach o win!'. Mae tarddiad y gair yn ansicr.

### Masgl (FWI 130), plisgyn – *eggshell*

Dyma eiriau gweddol ddyrys eu dosbarthiad, yn y De o leiaf. Y ffurf yn y Gogledd, ac yng ngogledd Ceredigion, yw *plisgyn*. Ond wedyn, yng nghanol Ceredigion, mae *masgal* yn dod yn gyffredin. Nododd llawer o Dalgarreg i Bontyberem i Lanelli i Abertawe a hyd yn oed Morgannwg fod y ddwy ffurf yn gyfarwydd. Yng nghanol Ceredigion mae *plishgin* a *mashgal* yn digwydd hefyd. Dylanwad yr *i* yn *plisg* sy'n gyfrifol am droi'r *s* yn *sh*, a 'taflodi' yw'r gair am y broses. Taflod y geg yw'r rhan galed yn y top lle byddwch yn gwneud y sain *I*. Erbyn symud tua'r de mae'r ffurfiau gydag *sh* yn safonol.

Os awn i lawr mor bell â Chwm Gwendraeth *mishgil* yw'r ffurf, gyda *myshgal* fwy i'r dwyrain, er bod rhai yma yn nodi *plishgin* hefyd. Yn Sir Benfro *mishgil* sy'n arferol. Yn Nyffryn Llwchwr roedd y ffurf fachigol *mishcilen* yn hysbys. Trodd *masgl* yn *masgal* oherwydd ei bod yn anodd ynganu -*sgl*, ac mae'n haws os oes llafariad yn y clwstwr hwn. 'Llafariad ymwthiol' (*epenthetic vowel*) yw'r term am un o'r rhain. Casgliadol yw *plisg*, ond ym Mhenrhyn Llŷn ceir y lluosog *plisgod*. A chyn ichi ofyn, mae 'casgliadol' yn golygu gair am nifer o bethau unigol ynghyd, fel *haid, praidd* neu *gyrr*.

Beth am y ferf, sef '*to shell an egg*' yn Saesneg? *Plicio'r plisgyn* sy'n arferol yn y Gogledd. Ym Meirionnydd clywir *pilio'r plisgin*, ac yn Rhosllannerchrugog *plisgio*. Clywir *tynnu'r plisgin* hefyd, a hyd yn oed *tynnu'r plisgin i ffwrdd*, sydd yn dipyn mwy Seisnigaidd, ac yn addasiad o '*take the shell off*'. *Plishgo* sydd yn arferol yn y De, gyda llawer yn *pilo* hefyd. Mae *masglo* a *tynnu'r mashgal* yn gyffredin yn ogystal. Byddent yn dweud *mishcala* yn Nyffryn Llwchwr, ond ni nododd neb fod hwn ar lafar heddiw. Yn Rhydaman y ffurf yw *mashglu*. Yn Gors-las nodwyd 'masglu cnau, plisgo wy'.

Nid yw GPC yn nodi tarddiad i *masgl*, ond byddwn i'n amau ei fod yn dod o Ladin Llafar Hwyr, h.y. y Lladin a siaredid ar y stryd yng Nghaerfyrddin, yng ngwersyll milwrol Segontium neu yn swyddfeydd gweinyddol Caerdydd neu Gaerloyw ddiwedd cyfnod yr Ymerodraeth Rufeinig. Erbyn y bedwaredd ganrif OC roedd hon yn debycach o lawer i Sbaeneg neu Eidaleg nag i'r iaith a siaradai Cicero neu Iwl Cesar. Yn Lladin Clasurol digwydd *masculum* (planhigion garw mawr). Datblygodd hwn yn *\*masclum* > *\*masclo*, ac mae'n debyg mai hwn a fenthyciwyd i'r Gymraeg. Ar ôl *s* mae *g* ac *c* fel arfer yn swnio'r un fath a therfyniad un unig yw'r -*o* *\*masclo*. Byddwn i'n amau bod hwn yn wreiddiol yn cyfeirio yn y Gymraeg at blisg neu groen garw allanol planhigion, ac mai dim ond yn ddiweddarach y daeth i ddechrau cystadlu â *plisg* yn y De. Yn wir mae sawl un yn y De yn nodi y byddant yn *plishgo wy* ond yn *mashglo pys a ffa*, sy'n awgrymu mai at groen mwy garw y cyfeiria. Mae *plisg* yn gwbl anhysbys ei darddiad, ond mae'n amlwg yn gytras â'r Llydaweg *plusk*, er nad oes neb yn siŵr iawn pam mae'r llafariaid yn wahanol, fel gyda *rhisg(l)* a '*rusk*'. Mae'r Athro Thomas Clancy wedi cynnig bod y gair hwn i'w weld yn Pluscarden (*plisg+cardden* 'amddiffynfa') yn nhiroedd y Prydyn (Pictiaid) yng ngogledd yr Alban. Yn ffurfiol mae hyn yn ddeniadol iawn, a byddai'r ffurf yn cyfateb i'r Llydaweg yn hytrach na'r Gymraeg, ond o ran ystyr mae ychydig yn anos ei egluro.

Nid oes neb yn hollol siŵr o ble daw *plicio*, ond mae yn yr iaith ers o leiaf y bedwaredd ganrif ar ddeg. Mae'r ffaith fod gan y gair y sain *c* yn ei ganol yn awgrymu mai benthycair yw, gan fod hyn yn anarferol yn hanesyddol yn y Gymraeg. Mae GPC yn tybio ei fod yn deillio yn y pen draw o'r Saesneg '*pluck*'. Un cynnig ansicr yw bod '*pluck*' yn dod o air Lladin Llafar \**piluccare*, sydd yn ei dro yn dod o '*pilare*'. Ystyr hwn oedd 'tynnu gwallt allan' ac o'r gair '*pilus*' (gwallt) y daw. Hwn hefyd a roddodd '*pillier*' yn Ffrangeg, ac wedyn, '*peel*' yn Saesneg. Mae'n bosib felly fod *plicio* a *pilo* ill dau yn tarddu o'r un gair Lladin!

### Mwydo, bwrw'i ffrwyth

Os ydych chi am ddisgled neu baned da o de, mae'n rhaid gadael i'r te...? Dyna oedd y cwestiwn. Pan mai te oedd yn teyrnasu yng Nghymru, yn hytrach na *cappuccino*, roedd gwneud te da yn fater o bwys.

Mae *bwrw'i ffrwyth* yn gyffredin ar draws y rhan fwyaf o'r wlad. Yn y Gogledd mae *mwydo* a *sefyll* hefyd yn gyffredin. Hefyd gellir gadael i'r te *sefyll i ffrwytho* (Eryri), gadael iddo fo socian er mwyn cael *panad fel gwaed tarw* (Môn). Yn y Rhondda rhaid *doti'r te i ffrwytho*, *doti'r te i sefyll* sy'n arferol.

Yn Amlwch yr enw am de cryf yw *te coes mwthwl* oherwydd y gallech osod morthwyl i sefyll ynddo. Ond, os yw'r te yn wan, dywedir ei fod fel *piso bronwan*, *piso chwannan*, *piso dryw* neu fel *dŵr golchi corff*. Yn Amlwch hefyd clywir fod te cryf *fel y Môr Du*. Yn Dre-fach Felindre ceir *te cryf fel parddu* ond *te gwan fel pisho gwidman* (widower), neu *te gwan fel golchan sebon*! Yn Llŷn bydd te cryf fel *sug toman* (ych a fi!). Dim ond yn 1545 y cofnodwyd *mwydo* am y tro cyntaf, a does dim byd tebyg mewn ieithoedd Celtaidd eraill. Byddai'n rhesymol felly dybio ei fod yn dod o iaith arall, a'r Saesneg fyddai fwyaf tebygol yn y cyfnod hwn, ond y drwg yw nad oes dim gair tebyg amlwg yn yr iaith honno. Tybed a allai fod yn llurguniad o air Cymraeg arall. Felly penbleth ar hyn o bryd.

### Serch hynny – *Nevertheless*

Cododd y drafodaeth hon yn sgil yr hyn a ddywed GDD lle nodwyd mai *sach-ni* (serch hynny) oedd y ffurf arferol. Yn Ffos-y-ffin mae'n debyg y byddai Dafydd Dafis yn ei ynganu fel *sach hynny* tra'n chwilio am ei allwedd. Yn Hendy-gwyn ar Daf nodwyd *serch 'ny*. Yn Nhalgarreg mae wedi ei fyrhau yn *son ni* ac yng Nghwm Gwaun *sychni*. Yng Ngorllewin Morgannwg clywir *ta beth*. Cawn *typini* ym Mhontardulais, a ffurf lawnach *ta-p'un-hi* yng Nghwm Gwendraeth. Ffurf Creunant yw *er 'ny*, ac *er hynny* yng ngogledd Ceredigion. Mae *be bynnag* hefyd yn gyfarwydd yn Nyffryn Aman.

Mae'r Gogs yn fwy tueddol o ddweud pethau fel *beth bynnag*, neu *fodd bynnag* (Edeirnion, Caernarfon) a *p'run bynnag* (Trawsfynydd) a *p'un bynnag* yn Llanfairpwll. Nodwyd *er hynny* hefyd yng Nghaernarfon, a *serch hynny* yn Sarn Mellteyrn, Porthmadog, Môn a Meirionnydd.

Mae GPC yn nodi'r enghreifftiau hyn o *serch* fel arddodiad: 'Raid madda, serch iddo nuthur siŵd 'en dro cæs' a 'Dwi'n gwneud nhw mewn ffreipan fynycha', serch 'dwi 'di cael planc 'nawr i wneud bara planc', (Morgannwg, GTN 724).

Mae'n amlwg bod cryn amrywiaeth ledled y wlad. Barn GPC yw mai'r un gair sydd yma ag yn *serch* 'cariad'. Er nad yw'r geiriadur yn nodi tarddiad mae'n debyg ei fod yn tarddu o PIE \**sterg*- 'poeni am', ac yn gytras gyda'r gair Groeg στέργω (stérgō) 'caraf'. Mae angen rhagor o ymchwil ar hyn oll.

## Peilliaid (WVBD 417)

Dyma air Cymraeg sydd ar lafar yn y Gogledd yn unig, a'i ystyr yw blawd mân, blawd wedi ei ogrwn er mwyn gwneud bara (*bara peilliad*). Yr ynganiad arferol yw *peilliad*, ond nodwyd *peillied* yn ardal y Bala. Nodwyd y canlynol o Danygrisiau: 'Roedd mam yn ei ddefnyddio pan oedd hi yn pobi ac yn gwneud bara ffresh i ni bob dydd Llun, hyd at ganol y 1970au. *Pwn* oedd hi yn galw sachad fawr o flawd (112 pwys) oedd ar ben y stelin yn y gegin.' Yn Llŷn nodwyd bod *past peilliad* fel glud cartref, sef cymysgfa o flawd a dŵr.

Erbyn hyn mae cof am y gair hwn yn prysur edwino gan mai prin yw'r bobol sy'n pobi eu bara gartref. Haws ei brynu o ryw archfarchnad neu siop arbenigol. Mae'n debyg mai adffurfiad o'r gair hwn yw *paill*. Erbyn heddiw caiff y gair hwn ei ddefnyddio ar gyfer '*pollen*', a dyma'i unig ystyr. Mae'n debyg mai benthyciad o ryw fath o'r gair Lladin '*pollen, pollis*' (blawd mân) yw.

## Pengrych (WVBD 424)

Dyma air a oedd ar lafar yn ardal Bangor ychydig dros ganrif yn ôl am 'wallt cyrliog'. Erbyn heddiw dim ond mewn ambell fan yn y gogledd mae'r gair hwn yn dal i gael ei ddefnyddio. Mae ffurfiau ar y gair Saesneg '*curl*' bellach wedi ei ddisodli, gyda phobol yn dweud 'gwallt cyrliog', ac yn y De *cwrls*. Clywir hefyd yn y De bethau fel *mop o wallt cwrl*. *Gwallt springs* a ddywedir yn Aber-erch os yw'r gwallt yn hir. Defnyddir *Pensprings* fel llysenw yn ardal Sgiwen. Ym Metws Ifan bydd pobol yn galw un fel hyn yn *gwrlyn*, neu'n *gwrlen* os yw'n ferch. Os gwnawn ferf o *crych* fe gawn *crychu*, fel ag yn *crychu talcen* 'to frown'.

Mae'n amlwg bod y gair *pengrych* ar lafar yn eang yn y gorffennol, gan ei fod yn digwydd yn eang mewn testunau Cymraeg Canol. Yn wir, gwyddom am ddyn o'r enw Meuric Pengrich (Meurig Bengrych) a oedd yn fyw yn 1292. Mae 'na hefyd gyfenw sy'n digwydd yn y gororau, sef *Bengry* ac mae hwn yn deillio o'n *pengrych* ni.

Dyma gyfle inni fynd ar drywydd y gair *crych*. Mae'n digwydd mewn enwau afonydd, fel *Crychan* yn Sir Gâr a *Crychddwr* yn Arfon. Gallwn dybio bod y rhain yn afonydd crychiog, a chanddynt fân donnau efallai yn eu nodweddu. Mae'n llai sicr ond efallai bod dwy afon neu nant yn dwyn yr enw *crychog* yn yr Hen Ogledd, fel *Crechoc* yn swydd Cumbria (BLITON). Mae'r gynffurf *crixs-* hefyd yn digwydd yn Ffrainc yn enwau nifer o drefi, fel *Cressé*, *Crissé* a *Crécey*. Mae'r rhain yn cyfateb i *crychiog* (DLG 130). Tybed felly ai dyma sydd wrth wraidd *Crécy-en-Ponthieu* lle ymladdodd Edward III y frwydr enwog honno yn 1346, un a enillwyd â chymorth y Cymry gyda'u bwâu hirion.

Faint ohonoch sydd wedi gweld y ffilm *Spartacus*, gyda Kirk Douglas a'r floedd enwog "I'm Spartacus" a'r atseiniau lu "No, I'm Spartacus"? Wel, un o gyd-gadfridogion y *gladiator* a'r cyn-gaethwas hwn a arweiniodd wrthryfel o lethrau mynydd Vesuvius oedd gŵr o'r enw *Crixus*. Galiad oedd a wnaethpwyd yn gaethwas a'i orfodi i ymladd fel *gladiator*. Yn 70 CC arweiniodd y Thraciad Spartacus wrthryfel bychan o ysgol *gladiators* Lentulus Batiatus yn nhref Capua, ger Napoli. Mae'n debyg mai ynganiad *Crixus* o'i enw ei hun fuasai *Crichsos*, ac erbyn hyn mae'n debyg eich bod wedi deall mai'r un gair â *crych* sydd yn ei enw. Yn wir, mae'n bur debyg mai llysenw oedd hwn, a bod ei wir enw wedi hen fynd ar ddifancoll. Er na wyddom fawr ddim am ei olwg, gallwn dybio un peth... sef bod ganddo wallt crych, neu efallai bod ei groen yn grychiog.

Beth am edrych yn ddyfnach ar y gair hwn. Mae'n debyg bod hwn yn deillio o ryw hen, hen ffurf Geltaidd fel *\*kripso-*, ac rydych oll eisoes yn hen gyfarwydd â gair arall sydd o'r un gwreiddyn, sef *crisp*. Ymddengys i'r Hen Rufeiniaid drawsosod y *p* a'r *s*, felly trodd *\*kripso-* yn *\*krispo-*. O'r Lladin *crispus* y cafodd y Saeson y gair *crisp*, ac mewn Hen Saesneg cyfeiriai hwn fel arfer at wlân neu wallt cyrliog. Rhyw damaid wedi'i ffrïo sydd wedi mynd yn gyrliog yw *crisp*. Bôn y gair hwn yw *\*(s)ker-* sy'n golygu 'troi, plygu', ac mae hwn i'w weld mewn geiriau fel *circus, circuit, corona, crest, crown, curve*, oll yn fenthyciadau o'r iaith Ladin. Nid anodd deall eu bod yn deillio o wreiddyn sy'n golygu 'troi'.

Efallai eich bod eisoes yn gwybod bod *h* mewn Hen Saesneg yn tarddu o ryw sain debyg i *ch-* mewn Germaneg, a hwnnw yn ei dro yn tarddu o *k* mewn Indo-Ewropeg. Felly, lle mae *c-* yn y Gymraeg gallem ni ddisgwyl *h-* mewn Hen Saesneg (e.e. *ci* a '*hound*', *cant* a '*hund(red)*'). Mae'r newidiadau rheolaidd hyn yn egluro tarddiad nifer o eiriau Saesneg cyfarwydd sydd hefyd yn deillio o *\*ker-* 'troi, plygu', geiriau fel *ring* (Hen Saesneg *hring*) a hefyd *ridge* (Hen Saesneg *hrycg*) a oedd yn wreiddiol yn golygu 'cefn'. Mi wyddoch hefyd y gair Almaeneg am 'cefn', sef *Rück* a hwn sy'n cyfateb i *ridge*. Beth yw'r gair am fag sy'n mynd ar eich cefn? Wel gair o'r Almaeneg yw, sef '*rucksack*'. Felly, y tro nesaf y byddwn yn gweld rhywun a chanddo wallt cyrliog yn bwyta *crisps* ac yn gwisgo modrwy a chanddo fag ar ei gefn/chefn meddyliwch am y caethwas dewr hwnnw a ymladdodd yn erbyn ei gaethiwed.

## Pennill

Yn hanesyddol gair gwrywaidd oedd *pennill*, hynny yw *y pennill* a *dau bennill*. Erbyn hyn, heblaw am ambell eithriad, mae'n gadarn fenywaidd yn y Gogledd gyda phawb fwy neu lai yn dweud *y bennill, dwy bennill* ac ati. Ni chafwyd atebion o Faldwyn, yn anffodus. Mae'n bosibl bod y newid cenedl gramadegol hwn i'w briodoli i ddylanwad y gair *cerdd* sydd yn fenywaidd. Nododd nifer eu bod hefyd yn dweud *dwy emyn* (sydd yn swyddogol yn wrywaidd), ond nid oes patrwm amlwg i'r gymysgedd yma ledled y wlad. Efallai bod rhyw deimlad yn datblygu bod y fath eiriau am gerddi i fod yn fenywaidd, ond bod tynfa'r iaith safonol yn llusgo ambell un yn ôl i fod yn wrywaidd. Dichon bod clywed *dau emyn* o'r pulpud wedi rheoleiddio rywfaint ar ei genedl. Ond nododd sawl un eu bod yn ymwybodol eu bod yn dweud *dwy* ond yn ysgrifennu *dau*, felly mater o gywair yw hyn i raddau. Fel hyn yn union mae ieithoedd byw yn newid, ac mae sawl gair wedi newid ei genedl dros y canrifoedd. Cymerwch y gair *llyn* er enghraifft. Benywaidd yw yn y Wenhwyseg, ac felly roedd mewn Cymraeg Canol. Meddyliwch am *Llyn Fawr* yng ngorllewin Morgannwg, a chofiwch am eiriau meichiaid Matholwch yn Ail Gainc y Mabinogi pan welant Fendigeidfran yn beisio'r môr tuag atynt *y deu lygat... yw y dwy lynn o bop parth yr esgair* (ei ddau lygad... yw y ddwy lyn o bob parth i'r esgair).

Ni wyddom beth yw tarddiad y gair *pennill*. Mae GPC yn ei gymharu'n betrus â *pentil moch* sef glos Hen Lydaweg ar y Lladin *stabulum porcorum* (*côr/stâl moch*). Efallai felly mai rhaniad mewn cwt mochyn oedd yn wreiddiol, a bod hwn wedyn wedi cael ei ddefnyddio'n drosiadol ar gyfer rhaniad mewn cerdd hir.

### Pibonwy – *icicles* (GDD 233, 245)

Dyma ddryswch braidd. Mae'r gair yn gyfarwydd i bobol o bob cwr o'r wlad, er bod llawer hefyd yn nodi ei fod yn gwbl ddieithr, ac mai *eisicyls* a ddywedent pan oeddynt yn blant. Efallai mai o ffynonellau safonol y daeth y gair i fod mor hysbys. Mae'r ffaith ei fod yn absennol o WVBD (1913), sydd yn waith cynhwysfawr, yn awgrymu nad oedd ar lafar.

Nododd rhai yn Nwyfor mai *pibonwydd* a ddywedant. Dim ond yn y De y cafwyd cadarnhad ei fod ar lafar yn naturiol, gyda *pibonw* yn Llandysul. Yng Nghwm Gwaun (Sir Benfro) nodwyd 'Pibonin bydde ni'n galw un icicle. Piboni am y lluosog ar lafar, er yn sillafu fe fel pibonwy.' *Pibonwinin* (lluosog – *pibonw*) a gofnodwyd yng Nghwm Gwaun dros ganrif yn ôl (GDD 245), ond heddiw dywedir *pibonws*. Yn y Rhondda dywedant *pib rew*, a *pipa rew* am y lluosog.

Nodwyd *rhew bargod* yn Sir Benfro, a nododd un *rhew bondo* yn Edeirnion. *Bonyn crisial* byddai plant Blaenau Ffestiniog yn eu galw pan yn yr ysgol. Yn Abergele cawsom y ffurf ddychmygus *dagrau tylwyth teg*. Nododd un ogleddwraig y byddant yn dweud, pan fo hi'n dywydd rhewllyd iawn, fod *pibonwy ar fy nghedor*! I rai yn y Gogledd roedd naws annymunol i'r gair oherwydd ei fod yn peri iddynt feddwl am *pibo* 'cael dolur rhydd'. Mae'n debyg mai'r gair *pib* 'pipe' sydd yma, ond nid ydym yn gwybod beth yw'r rhan olaf.

Yng ngogledd-ddwyrain Llydaw dywedir *dent genver* 'dannedd Ionawr', ond *hinkinou skourn* 'bachau rhew' sydd yn y gogledd-orllewin.

### Picwd (BiLlE 32)

Dyma air Dwyfor am blentyn gwantan e.e. *hen bicwd bach digynnydd*. Mae'n hysbys i rai o hyd sy'n ei ddefnyddio am *blentyn bach, gwachul*. Ym Môn tueddir i ddweud bod plentyn wedi ei *nych fagu*.

### Piod

Cofiaf mai *piogen* a ddywedai fy nain o Rydycroesau (ger Croesoswallt).

Dyma'r gair a ddefnyddiai am frechdan gydag un dafell o fara brown ac un o fara gwyn. Mae GPC yn nodi'r defnydd hwn am frechdan a wnaed o ddwy dafell o fara gwyn, gyda thafell o fara haidd yn ei chanol. Da gennyf fod danteithion amgenach bellach i'w gosod rhwng sleisus o fara.

Y ffurf wreiddiol oedd *pi*, gyda'r lluosog *piod*. O'r lluosog hwnnw y lluniwyd ffurf unigol newydd, sef *pioden*, trwy ychwanegu terfyniad benywaidd *-en*. O'r gair Ffrangeg *pie* y daeth hwn, efallai trwy'r Saesneg. Anodd gwybod felly beth alwai'r hen Gymry yr aderyn deuliw hwn. Yn ei dro o'r Lladin *pīca* y daw'r gair, ac mae'n debyg mai dynwared cri'r aderyn soniarus a wna. Yn Arfon dywedir *cyn sionced â'r biogan*, ac yng Nghwm Rhondda mae i'w weld yn enw'r pentref *Llwynypïa*. Mae'r elfen i'w gweld yn y Saesneg *magpie*. Furf ar yr enw Margaret yw *mag-*, a'r syniad tu ôl i hyn yw'r dyb fod gwragedd braidd yn siaradus, fel yr aderyn hwn.

## Prydau

Dim ond dau air a gafwyd pan holwyd am y prydau byrion a geid yn ystod hoe o lafur y fferm. Mae *cnwswd* yn y bore yn hysbys ym Môn, a *pnawnyd* (prynhawnfwyd) ddiwedd y prynhawn (BILLE 32). Dyma a ddywed GPC wrthym: 'Ar lafar yn y Gogledd yn y ff. *cnysfwyd, cnyswd, cynhwysfwyd, cynosfwyd, cynoswyd, cynyswyd, cynyswswyd, cynhesfwyd, cyfnosfwyd*, &c.; '*Cnysfwyd* is in common use in Anglesey—taken at 4 o'clock in summer and at 6 o'clock in winter' (WVBD 618); '*cwynosfwyd*' a meal taken formerly during harvest-time at about four o'clock in the afternoon, consisting of bread and butter and buttermilk' (WVBD 276). O *cwyn* a *nos* y daw hwn, gyda'r gair *bwyd* ar ei ben. Daw *cwyn* o'r Lladin *cēna* ac mae i'w gael mewn Cernyweg Canol fel *coyn* 'cwynos', ac yn y Llydaweg *koan* 'swper'. Mae'n bosibl mai amrywiad ar y gair Lladin hwn yw *cinio*, ond mae GPC yn mynegi ansicrwydd am hyn.

## *Pull faces, sulk* (eto)

Trafodwyd hyn yn *Amrywiaith 1*, ond daeth rhagor o atebion i law. Yng Nghaernarfon gall plentyn wneud *gwynab tin*, ac yn Llanrug gellid dweud 'Wel am geg gam!'. *Tynnu tirsia* a nodwyd o Ben Llŷn, a *dangos ei thursiau* yn Eifionydd. Yn Llandysul gellid dweud: 'Mae cwpse arni' neu 'Mae'n gwpsog'. Ym Mhontarddulais gall plentyn *dynnu swch*. Swch aradr yw'r blaen pigfain, ac efallai mai cyfeirio at rychu talcen neu'r wyneb y mae gan fod yr wyneb yn edrych fel cae wedi ei aredig.

Gair Brythoneg da yw *swch*, a'r un gair yw yn hanesyddol â *hwch*, a olygai 'mochyn' yn wreiddiol. Mae'n bosibl y byddai *s-* yn treiglo'n *h-* mewn hen Frythoneg, fel ag y gwna mewn Gwyddeleg modern. Dyma pam efallai y rhannodd y gair yn ddau. Daw hwn o *\*sukko-*, ac mae'n debyg y benthyciwyd hwn i Ladin Gâl, gan roi *soc*, sef gwreiddyn *socket* yn Saesneg. Daw'r rhain oll o wreiddyn PIE, tebyg i *\*su-*, ac mae hwn i'w weld yn y geiriau Saesneg *sow* a *swine*. O leiaf dyna'r farn fwyaf gyffredin ar hyn o bryd.

## Rhewi

Sbardunwyd y sgwrs hon gan *rhewi'n greision* a nodwyd yn BILLE, ac yn wir mae sawl ffordd o gyfleu hyn yn Gymraeg. *Rhewi'n gorn* sydd fwyaf cyffredin ledled y wlad. Yn Arfon clywir *rhewi'n glap*, fel clap o lo debyg iawn. Mae *rhewi'n solad* yn digwydd hefyd. Mae *rhewi'n gorcyn* yn gyfarwydd i lawer hefyd. Ym Mhandy Tudur sonnir am *glecian rhewi*. Yn Nwyfor gall fod yn *ddigon oer i rewi brain*, neu *gathod* yn Arfon. Yn y De clywir ei bod yn ddigon oer i *sythu* brain. Mae *sythu* yn arferol yn y De am *rewi*, ac yn digwydd yn Arfon hefyd. *Fferru* sydd fwyaf cyffredin yn y Gogledd, yn golygu *rhewi* yn y cyd-destun hwn. Yn Nhrefor gall fod yn *ddigon oer i rewi rhech*, ac yn Arfon yn *ddigon oer i rewi cachu yn nhin deryn*. Yn Llydaweg Treger dywedir *yen eo da gac'had tachoù* sef ei bod yn *ddigon oer i gachu hoelion*. Mae *chwipio rhewi* yn gyffredin yn y Gogledd-orllewin. [Treger hefyd: *mann 'med gweled da liw teus c'hwant kac'had pe riw* – 'dim ond o weld dy liw mae arnat chwant cachu neu oerfel']

## Rhwng

Fel y gwyddoch mae arddodiad (*ar*, *am*, *heb* ac ati) yn 'rhedeg' yn y Gymraeg, hynny yw mae'r terfyniad yn amrywio yn ôl y person y cyfeirir ato/ati.

Dyma ambell i rediad a nodwyd. Yn anffodus ni chafwyd atebion o bobman. Fel y gwelwch mae cryn amrywio ar draws ein tafodieithoedd, ac mae cryn wamalu yma ac acw hefyd.

| Y Rhondda | Pontardulais | Sir Gâr / Ceredigion | Pencader | Tregaron | Ffostrasol | Meirionnydd |
|---|---|---|---|---|---|---|
| rynto i | rinto fi | rhyngddo i | rhwngdda | rhyngta | rhwnta | rhyng(dd)o 'i |
| ryntot ti | rinto ti | rhyngddot ti | rhwngddot | rhyngtot | rhwntot | rhyng(dd)ot ti |
| rynto fe | rinto fe | rhyngddo fe | rhwngddo | rhyngto fe | rhwnto | rhyng(dd)o fo |
| rynti 'i | rinti ddi | rhyngddi hi | rhwngddi | rhyngti | rhwnti | rhyng(dd)i hi |
| rynton ni | rinto ni | rhyngddon ni | rhwngddon | rhyngton | rhwnton | rhyng(dd)on ni |
| ryntoch chi | rinto chi | rhyngddoch chi | rhwngddoch | rhyngtoch | rhwntoch | rhyng(dd)och chi |
| rynton nw | rinto nw | rhyngddon nhw | rhwngddyn | rhyngtyn | rhwntyn | rhyngddyn nhw |

Nodwyd bod y to hŷn yn dweud 'rhynt-'

65

| Trawsfynydd | Penrhyn-deudraeth | Rhos a Phonciau | Arfon | Bangor (WVBD) | Môn | Glynceiriog |
|---|---|---|---|---|---|---|
| rhyng(dd)a i | rhyngthaf i | | | rhyn(g)tha i | rhyngtha i | rhyngdda fi |
| rhyng(dd)at ti | rhyngthach chdi | rhyngthot | rhwngddo | rhyn(g)that | rhyngtha chdi/ti | rhyngdda ti |
| rhyng(dd)o fo | rhyngtho fo | | rhwngddo | rhyn(g)tho / rhwngtho | rhyngtho fo | rhyngddo fo |
| rhyng(dd)i hi | rhyngthi hi | | rhyngddi | rhyn(g)thi | rhyngthi hi | rhyngdda hi |
| rhyng(dd)on ni | rhyngthon ni | rhyngon | rhyngddyn | rhyn(g)thon / rhwngthon | rhyngtha ni | rhyngddon ni |
| rhyng(dd)och chi | rhyngthoch chi | rhyngthych | rhyngddoch | rhyn(g)thoch | rhyngtho chi | rhyngddoch chi |
| rhyng(dd)yn nhw | rhyngthon nhw | | rhyngddyn | rhyn(g)tyn / rhwngthyn | rhyngthyn nhw | rhyngddyn nhw |

Weithia gyda 'th' yn lle 'r 'dd'

Hefyd 'rhynga', etc.

**Sgeg** (ADP 124) – *jolt*
'*Mi gafodd goblyn o sgeg!*' Dyma a ddywed pobol y Gogledd-orllewin a Meirionnydd am gael tipyn o sgytwad, fel arfer mewn damwain neu wrth gael 'llawdriniaeth hegar yn y sbyty'. Mae *sgegfa* a *sgegiad* yn hysbys yma ac acw hefyd, ac ym Môn gellwch *sgegio*. Yn Nhalsarnau nodwyd *sgwdfa* (ysgydfa) am hyn. Ym Mrynaman *shigad* yw'r gair e.e. 'Ges i yffach o shigad' (yn dilyn cwymp), a dyma sy'n arferol yn Sir Gâr. Yn Sir Benfro nodwyd *sgwdad*, a *shiglad* yn Dre-fach Felindre.

Mae tarddiad *sgeg* yn ansicr, a'r unig gynnig gan GPC yw ei gymharu'n betrus â'r gair Saesneg *shake*. Byddai benthyciad o'r ffurf Hen Saesneg '*sceacan*' efallai yn fwy tebygol yn ffurfiol (er bod *sc-* yma yn golygu *sh-*), neu o ryw ffurf dafodieithol debyg.

*Shelling eggs* (gweler **masgl** hefyd)
Yn y Gogledd-orllewin *deor pys* (a ffa) a glywir fel arfer. Yr ynganiad yn aml iawn yw *duor*. Mae hwn wedi cael ei ailddehongli fel *duo* yma ac acw, oherwydd bod *duo'r pys* a *duor* (deor) *pys* yn cael eu hynganu fel ei gilydd. Ceir *sbinio pys* yn Nolwyddelan a Phenllyn. Yn ne Sir Ddinbych clywir *shelio*, *shifflo pys* yn Llangernyw, *plisgio* yn Nyffryn Conwy, ac yng Nghoedpoeth *plicio*. Ceir *plisgo* hefyd yn Sir y Fflint, a *podio* ym Mhenllyn. Yng Ngheredigion clywn *plisgo*, ond mae hwn yn troi'n *plishgo* wrth fynd i'r de. Ffurfiau ar *masglu* sydd yn arferol yn y De, fel *mishglo* ym Mhen-y-bont (Sir Gâr), a *masglu* yn Gors-las. Nodwyd *dishpin pys a ffa* ym Maenclochog a *clau* (glanhau) yng Nghwm Gwaun.

Byddai ieithyddion yn tarddu'r gair *deor* o'r ffurf Gelteg *\*de-exs-or-*, gyda'r *\*or-* hwn yn golygu 'gyrru allan, bwrw allan, torri allan'.

**Trontol, dryntol** (FWI 139, GDD 117)
O Feirionnydd i ogledd Sir Benfro dyma'r gair am glust cwpan. Ceir *trantol* yn Nghwm Cou, ger Castellnewydd Emlyn. Daw hwn o *dwrn+dôl* (dolen y dwrn). *Clust* yw'r gair mwyaf arferol yn y Gogledd, gyda *dolen* yn y De. Mae *handlen* hefyd yn ddigon cyffredin ledled y wlad. Dyma'r diffiniad o *dryntol* yn ardal Bangor (WVBD 105): 'darn o bren cam a darn o haearn yn cysylltu'r ddeupen, a rhaff wedi ei chlymu wrth yr haearn er mwyn cario baich.'

Digwydd '*dorn*' am *llaw* yn y Llydaweg. *Lámh* yw yn yr Wyddeleg. Mae tarddiad *dwrn* yn ansicr ond mae iddo wreiddiau Celteg da. Mae'n bosibl mai dyma'r elfen sydd yn Dùn Duirn (Dundurn) un o fryngaerau trawiadol y Pictiaid (c.500-800). Mae *dwrn* hefyd yn digwydd mewn enw lle yng ngogledd-orllewin yr Almaen, yn Dormagen. Yr hen ffurf Gelteg fuasai *\*Durno-magos*, sef '*dwrn+ma*', ond mae ei union ystyr yn ansicr yma. Efallai mai cyfeirio at y llaw a wnâi yn wreiddiol, ond nid yw hynny o lawer o gymorth i egluro'r enwau lleoedd hyn. Efallai fod ambell un ohonoch yn gyfarwydd â'r gair *dyrnol*. Mae Dafydd ap Gwilym, er enghraifft yn ei ddefnyddio yn ei gywydd i'r wylan, 'darn fel haul, dyrnfol heli'. Maneg fawr, efallai o haearn (gauntlet) yw, ac fe'i defnyddir heddiw gan rai am faneg arddio drwchus. Daw hwn o *dwrn+bol*.

Mae *dôl* yn air diddorol. Mae'r arbenigwyr yn tarddu hwn o PIE *\*dhel*- 'dyffryn', ond mae GPC yn awgrymu cysylltiad pellach ag ystyron fel *crwm*. Roedd y gair yn bodoli ymysg y Pictiaid hefyd, a pharhaodd yn yng Ngaeleg yr Alban fel *dail*, wrth i'r Pictiaid fabwysiadu eu hiaith nhw tua'r ddegfed ganrif. Gallwch ei weld mewn llawer o enwau lleoedd heddiw, fel Dull. Y gair Saesneg cytras yw '*dale*', a'r ffurf Almaeneg ar hwn yw '*Tal*'. Digwydd hwn yn Neanderthal – dyffryn afon Neander. Enw dyffryn Almaenig arall yw Joachimstal, a'r enw am ddarn o aur a fathwyd yno oedd *gulden Joachimstaler*. O dalfyrru hwn y cafwyd y gair Americanaidd '*dollarî*'.

O ran *clust*, daw hwn o wreiddyn *\*kleu-* sydd hefyd yn *clywed* a *clod*. Mae'r geiriau Saesneg *listen* (Hen Saesneg '*hlysnan*') a '*loud*' (Hen Saesneg '*hlud*') hefyd yn gytras. Digwydd hefyd yn yr iaith Roeg yn y gair '*kléos*' (gogoniant). Mae'n debyg eich bod fwyaf cyfarwydd â hwn yn yr enw Κλεοπάτρα 'gogoniant ei thad', sef, yn ei ffurf Ladin *Cleopatra*. Groeg oedd ei mamiaith hi wrth gwrs, er bod sôn iddi ddysgu'r Eiffteg leol.

Daw'r Saesneg '*handle*' o *hand*, felly mae'n debyg i *dyrnddol*. Terfyniad offerynnol sydd ar ei ddiwedd, fel ag a welir yn '*spindle*', '*ladle*', '*thimble*' (o '*thumb*').

## Wy Dau Felynwy

Oes angen eglurhad? Os oes, dyma'r gair am 'wy dwbwl' un a chanddo ddau felynwy. Yn y Gogledd-orllewin o leiaf. Yr yngangiad yn aml yw *wy dau flynwy*.

## Tost, sâl

Dichon bod y ddau air hyn yn rhai sy'n gwahaniaethu'n amlwg rhwng yr Hwntws a'r Gogs, ond mae llawer iawn o eiriau a thermau eraill i fynegi graddau o deimlo'n glaf. Yn Nhy-croes (Sir Gâr) nodwyd y canlynol: *gwael*, *tost*, *clwc*, a *shimpil*. Yng Ngheredigion nodwyd *sâl swps* neu *swp sâl*. Yn Nelson (Cwm Rhymni) cafwyd *ddim yn 'ŵylus*. Dyma'r sylwadau mwyaf dwyreiniol a gafwyd, gan rywun yr oedd ei thad wedi dysgu Cymraeg gan frodorion y cwm. Yn Dre-fach Felindre nodwyd y canlynol, ac mae'n werth ei ddyfynnu yn ei gyfanrwydd: 'sâl, giami, dishmol, swp sâl, gwael iawn, ar ben, ar ei wely ange, bron a'n gadel ni, cymercyn, gwanhau, gwanychu, colli'r dydd, câl a châl, yn llusgo, yn glwc, ddim yn hwylus'. Cafwyd y canlynol o Langennech 'Os yw rhywun yn *wael* mae nhw ar fin marw (ne 'trigo'). Ne mae nhw mor dost mae ofn y byddan nhw'n marw. Os mae'r doctoriaid wedi dweud... bod rhywun yn 'wael iawn' wel man a man palu twll yn barod.' Yn Sir Benfro cawn *climercyn* am *llegach* y Gogs.

Trown at gleifion y Gogledd. Yma y geiriau arferol yw *sâl*, *symol*, ac yn Arfon *cwla*. Ym Môn gall rhywun deimlo'n *ffadin*. Ceir *llegach* yn y Gogledd-orllewin am deimlo'n eithaf gwan. Mae *giami* yn gyffredin yn y Gogledd-orllewin, a nododd rhai *ciami*, un gan ymesgusodi am beidio treiglo. Ond arhoswch funud, daw'r gair hwn o'r Saesneg '*gammy*'. Byddwn i'n amau bod rhai wedi tybio bod *giami*, pan fydd yn digwydd yn *yn giami*, yn ffurf wedi ei threiglo. Meddyliwch am *cam* ac *yn gam*. Dichon i'r bobol hyn felly dybio mai ffurf wedi ei threiglo oedd *giami* ac o hwnnw aethpwyd ati i lunio ffurf 'heb ei threiglo', sef *ciami*. Nododd un y byddai disgyblion Ysgol Friars ym Mangor yn dweud '*I was giami yesterday, Miss*'. Yn Rhos a Phonciau byddent yn dweud: *Mae o'n fawedd*, a nodwyd hefyd fod rhywun yn *rofun*. Yn Rhos ac yng Nglyn Ceiriog *ddim yn glên* a ddywedir. Os bydd rhywun wedi *gwella* neu wedi *mendio* mae'n bosib y byddant yn dal i deimlo'n *wantan* neu'n *wachul*. Os na all rhywun symud oherwydd salwch dywedir ei fod yn *swp sâl*.

Mae tarddiad *tost* yn ansicr, ond cynnig petrus GPC yw ei fod yn deillio o'r Lladin *tostus* 'llosg'. Mae tarddiad *sâl* yn ansicr hefyd, ond mae'n debyg nad yw'r ffurf yn gwbl frodorol oherwydd mai dim ond yn yr unfed ganrif ar bymtheg y ceir cofnod ohono am y tro cyntaf. Tybed, ar y llaw arall, ai ffurf ogleddol ar *salw* yw, gair sydd efallai'n deillio o'r Saesneg *sallow*. Talfyriad o *rhesymol* yw *symol*. Does wybod o ble daeth *cwla*, ond nid yw'n digwydd mewn Cymraeg Canol. Daw *climercyn* o *cam+herc+-yn*. *Klañv* yw'r gair Llydaweg, sy'n cyfateb i'n *claf* ni.

## Sglentio

Fuoch chi erioed ar lan afon, neu ger y môr yn taflu cerrig sy'n troelli ar hyd wyneb y dŵr fel y bônt yn bownsio'n isel? Do, cafodd hyn ei drafod y llyfr diwethaf, ond daeth ychydig rhagor o wybodaeth i law. Dros ganrif yn ôl yn ardal Bangor (WVBD 483) nodwyd y gair *sglentio* am hyn, ond ni nododd neb ei fod yn fyw o hyd. *Dic-dac-do* sydd yn y De a *sgimio cerrig* yn y Gogledd, ond nodwyd yn ychwanegol mai *sgimars* yw enwau'r cerrig. O'r Saesneg y daw *sgimio* wrth gwrs, a hefyd y gair uchod sy'n deillio o *sclente*, '*to glance off, slant*'.

## Sgraffinio, sgriffio, sgathru (WVBD 487) – *to graze the skin*

Ydych chi'n cofio cael damwain wrth reidio beic, a'ch bod yn llithro ar hyd y ffordd nes y bo croen pen-glin neu benelin wedi ei grafu i gyd? Profiad cyfarwydd i'r rhan fwyaf ohonom, debyg iawn. Ar drywydd y gair am hyn yr oeddem ni, a dyma'r atebion a ddaeth i law.

Gair arferol y De am wneud hyn yw *sgathru*, gyda'r ynganiad *sgythru* yng ngorllewin Morgannwg. *Nafu* (anafu) a ddywedir am hyn yn y Rhondda a Chreunant. Yn y Gogledd mae cryn amrywio rhwng *sgraffinio, sgriffinio* a *sgryffinio* heb fod patrwm amlwg. Mae *sgriffio* yn gyffredin yn yr un ardaloedd, ac mae'n cael ei ddefnyddio ar gyfer pethau fel crafu esgidiau newydd. Bydd pobol felly yn cael *sgathrad, sgriffiniad* neu *sgriff*.

## *Slow-worm*

Ffurfiau ar *neidar ddefaid* sydd yn arferol yn y Gogledd, gyda rhai yn dweud *neidar dafad*. Hen goel oedd ei bod yn bwyta cynrhon *pry chwythu* sy'n ymosod ar ddafad, ac mai oherwydd hyn y cafodd ei henw.

Y ffurf a nodwyd ym Mlaenau'r Cymoedd oedd *maplath* (BIBC 36), ond yr ynganiadau a ddaeth i law oedd *moblath* (Dryslwyn) a *moplath* (Pontarddulais). Mae GPC yn tarddu'r gair o *mabddall* sef *mab* a *dall*, ac yn ei gymharu â *madfall*. Cafwyd *slorwm* ym Maenclochog. Gallwn gymharu *mabddall* â'r enw Saesneg am yr un creadur, sef '*blindworm*'. Y rheswm syml am yr enw yw bod iddo lygaid bychain iawn. 'Gair cyfansawdd afrywiog' hwn. Does dim eisiau ichi ddychryn hefo'r fath dermau. Fel arfer yn y Gymraeg pan fyddwch yn gwneud un gair o ddau arall (gair cyfansawdd), yr ail elfen yw'r craidd neu'r bôn. Meddyliwch am *hirben* (hir+pen), *cachgi* (cach+ci), *bwyty* (bwyd+tŷ). 'Gair cyfansawdd rhywiog' yw'r rheiny. Weithiau bydd gair cyfansawdd yn datblygu o gymal, fel 'mab dall' yn troi'n 'mabddall'. Mae'r treiglo a'r ffaith bod yr acen ar y sillaf gyntaf yn dangos mai gair cyfansawdd yw. Un 'afrywiog' yw un o'r math hwn.

Mae *neidr* yn air diddorol. Petaech yn mynd yn ôl i'r bedwaredd ganrif OC, byddech yn ei glywed fel *\*natrī* (daw hwn o'r Gelteg *\*natrū*). Terfyniad gramadegol yw'r *-ī*, a does dim angen poeni gormod amdano ar hyn o bryd. I'r rhai ohonoch sy'n hoff o ieithyddiaeth gallwn ychwanegu mai un o'r terfyniadau 'enwol' (goddrychol) yw. 'Cyflwr' (declension) yw'r gair am hyn oll. Yn y cyd-destun hwn mae'n golygu bod swyddogaeth gair mewn brawddeg yn cael ei gyfleu trwy ychwanegu terfyniad, fel ag yn y Saesneg *Siân's* eyes. Mae'r *'s* yn derfyniad y cyflwr genidol, sef bod rhywbeth yn perthyn i'r gair.

Beth bynnag, yr *-ī* hwn a barodd newid i'r llafariaid yn y sillaf o'i blaen. Y gair am hyn yw affeithiad. Tua'r bumed ganrif fe gollwyd y math hwn o derfyniadau gramadegol yn y Gymraeg, felly'r datblygiad oedd rhywbeth tebyg iawn i hyn: *\*natrū* > *\*natrī* > *\*nadrī* > *\*neidrī* > *\*neidr*. Terfyniad gwahanol oedd i'r lluosog, felly doedd dim *-ī* i beri'r affeithiad, a dyna pam y dywedwn *nadroedd*. Yr un ffenomen sy'n gyfrifol am *lleidr* a *lladron*. Mae gair cytras yn y Saesneg, sef *adder*. Y ffurf Hen Saesneg (Wessex) oedd '*næddre*'. Yr hyn a ddigwyddodd yma oedd 'camrannu', proses ddigon cyffredin mewn llawer o ieithoedd. Trodd '*a nadder*' yn '*an adder*'. Yn rhyfedd ddigon mae hyn hefyd wedi digwydd gyda'r gair Llydaweg, gydag *an naer* yn troi'n *an aer*, a'r lluosog yw *aered*. Sylwch hefyd bod hwn yn cyfateb i *nadr* nid *neidr*.

## *Spring clean*

Yn Llŷn dywedid *cynhaeaf pry cop* (BILLE 17), ond yn anffodus ni nododd neb ragor o ymadroddion. Efallai bod tai'r Cymry bellach yn lân trwy gydol y flwyddyn.

## Tanllwyth

Yn y gaeaf gyda'r gwynt yn chwythu a'r nosweithiau'n hirion beth sydd well na *thanllwyth mawr o dân*? Os yw'r tân yn fawr iawn gellir cyfeirio ato fel *coelcerth*. Er bod hwn yn gyfarwydd ledled Cymru mae ambell air arall. Yn Gors-las ceir *grated*, ac ym Mhontyberem *ranshed*, ond *rhanshin* yn ardal Aberteifi. Yn Llydaw ceir *tantad*, ac yn Leon yno *tantez* neu *tanted*.

## Teisen / cacen

Dyma un o'r pethau sy'n peri cryn dipyn o ddadlau ar draws y wlad, sef y gair Cymraeg iawn am '*cake*'. Mae rhai'n mynnu mai *teisen* yw'r gair gorau, tra bo llawer yn teimlo'n llawer mwy cartrefol gyda *cacen*. Yn fras, dyma'r patrwm. *Cacen* yw'r ffurf fwyaf cyffredin erbyn hyn, gyda'r ynganiad *cacan* yn y Gogledd-orllewin, a *cacien* yng Nglyn Ceiriog. Cafwyd *cagen* yn Llanddewi Brefi. Ffurfiau ar *cacennau* yw'r lluosog arferol yn y Gogledd gyda rhai yn yn Nwyfor yn dweud *cacenni*. Yn Nhrefor mae rhai wedi colli'r sillaf gyntaf ac yn dweud '*cenna*. Yn Nwyfor clywir *cêcs* hefyd. Yn Sir Gâr y lluosog yw *cacs*, ond mae hwn i rai, am resymau sgatolegol amlwg, yn swnio'n annymunol.

Ar yr ymylon mae'r gair brodorol *teisen* wedi dal ei dir. Ym Môn *teisan* sy'n arferol, ond yr hyn a glywch gan lawer Monwysyn yw *tisan*. Y lluosog yw *teisys*. Mae *teisen* hefyd yn gyffredin yn yr ardaloedd sy'n agos i Fôn, ac yn ardal Rhosllannerchrugog hefyd. *Teishen* neu *tishen* glywch chi yn ardaloedd y glo o Bontyberem i Gwm-twrch, a'r lluosog yw *teishenne* a *tishenne*. Yn ardal Brynaman fe glywch y lluosog *tishennod*. *Tisian* a nodwyd yn y Wladfa, gyda'r lluosog *teisennod* yn arferol yno. Ni nododd neb y lluosog *teisenni* a ddefnyddiodd Gwenallt yn *Ffwrneisiau* (t. 30).

Nododd sawl un eu bod yn defnyddio'r ddwy ffurf, ond nid oedd yn eglur beth yn union oedd y gwahaniaeth, er enghraifft ym Môn nodwyd 'teisan fwyar duon a cacen wy'. Yn Arfon 'teisen jam, ond cacen siocled'. Mae dysgwyr yn dueddol o ddefnyddio'r ffurf *teisen*.

Mae tarddiad *teisen* yn anhysbys, ond mae'n demtasiwn i'w gysylltu rywsut â'r gair *toes*. Y tro cyntaf yr ymddangosodd y gair *cacen* yn y Gymraeg oedd yn 1547, yng ngeiriadur enwog William Salisbury. O'r Saesneg y daw, wrth gwrs, ond benthyc'son nhw'r gair oddi wrth y Llychlynwyr, a'u ffurf nhw oedd *kaka*. Yn wir, erbyn y ddegfed ganrif roedd llawer iawn o ogledd 'Lloegr', ynysoedd yr Alban a Dulyn ac ambell dref arall yn Iwerddon yn siarad Hen Norseg, neu Lychlynneg. Felly, y tro nesaf y byddwch yn bwyta *cacen* cofiwch ddiolch i'r Feicings.

## Termau newydd

Wrth i gymdeithas newid bydd ieithoedd yn newid hefyd. Mae pob iaith fyw yn creu ac yn arloesi ac yn newid, a byth yn ddisymud. Yn aml iawn bydd newidiadau cymdeithasol neu dechnegol yn cyflwyno syniadau neu wrthrychau newydd a rhaid wrth eiriau i'w disgrifio. Yn aml bydd ieithoedd yn benthyca o'r iaith sy'n darparu'r cysyniad neu'r teclyn, weithiau gan addasu'r gair. Droeon eraill bydd ieithoedd yn llunio eu termau eu hunain. Mae termau fel *Jac Codi Baw* (JCB), *blwch llwch* a *tarw potel* wedi hen ennill eu plwyf, a dyma rai ffurfiau creadigol a glywir bellach ar aelwydydd Cymru. Nododd un prifardd o Gaernarfon y canlynol: 'Mi rydan ni fel teulu'n galw Fish Fingers yn 'shingars'. Hefyd *Jaci Sochs* am *'pigs in blankets'*. A sosejis ar y barbaciw: llosgijis!.' Yng Nghaernarfon hefyd cawsom *Pitta bread* = *bara poced, creision skips* = *creision cregyn, pringles* = *creision mwstash*. Yn y De nodwyd: 'Bolgi baw am Hoover, a ni'n defnyddio hwb a sgwb am *'pan and brush'*.' Hwfa Môn a ddywed rhai digon smala o'r ynys am y peiriant codi llwch hwn. Mae *siop sgod a sglod* am 'fish and chip shop' yn gyfarwydd i lawer. *Brechdan boeth* yw *'toasted sandwich'*. Mae'n debyg bod *ffôn lôn* am 'mobile phone' yn gyfarwydd i lawer, a *co' bach* am *'memory stick'*. *Cachu 'deryn* yw 'liquid paper' i un teulu, ac i un arall *caffi car* am fwyd yn car, a *caffi bloda* am caffi canolfan arddio. *Cap slap* yw *'helmet'*, a *cachsach* yw'r cwdyn bach du i ddal baw ci. Ar sail *storgatsio* 'binge eating' mae *storwatsiad* ar lafar ym Môn am *'binge watching'*.

Bu un mor garedig â manylu ar dri therm:

- jeli fflyff – cyfuniad o jeli a *mousse*! Cymysgu tun o lefrith *evaporated* mewn i jeli, cyn iddo setlo! Ama na term o'r 60/70au ydio. Clasur y parti plant!
- Glychu'r gyrlan – y modd y mae'r fenyw yn cael gwared o'r dŵr o'r corff!!! Term malais / chwareus am fynd i'r lle chwech! Y gyrlan yn hanu o'r *'short and curlies!'*
- *Brinio* (brecwast + cinio) yw 'brunch'. Y gair Saesneg am y math hwn o air bath yw *blend* oherwydd eu bod yn cyfuno dechrau un gair a diwedd un arall i gyfleu rhywbeth sy'n rhannu nodweddion y ddau. Dyma yw *motel* (*motor* + *hotel*) er enghraifft. Un arall yw *selsgi* am 'sausage dog'.

Nodwyd hefyd fod caffi LGBT+ newydd yn agor yng Nghaerdydd o'r enw 'Panad o Gê'.

## Trafaelus (BILlE 42)

Yn Nefyn y cofnodwyd y gair hwn mewn llyfr, ond ni nododd neb ei fod yn gyfarwydd o hyd yn y Gogledd. Serch hyn cafwyd un ateb o Bontarddulais yn nodi ei fod yn gyfarwydd iawn yng nghyd-destun tai'r cymoedd sydd 'ar lefelau amrywiol, a llawer o risiau' rhyngddynt.

Dyma sut mae GPC yn diffinio'r gair 'yn peri llawer o waith cerdded (am dŷ, &c.); anhygyrch', ac mae'n rhoi'r enghreifftiau hyn: Ar lafar, 'tŷ trafaelus

– tŷ â llawer o waith cerdded ynddo, tŷ gydag amryw o loriau ac un caled i'w gadw'n dwt', BILlE 42; 'Tŷ trafaelus iawn yw 'wn a steps ym mob man', GTN 804; 'Lle trafaelus iawn yw a o ba gyfeiriad bynnag ewch chi ato fa' (dwyrain Morg.).'

## Tywysen – *ear of corn*
Gair sydd yn ymddangos yn brin iawn ar lafar bellach yw hwn, gydag ond un unigolyn yn ei nodi o Lŷn gyda'r ynganiad 'y dwysan'. Hon yw rhan uchaf yr ŷd sy'n cynnwys y grawn i gyd. Mae tarddiad y gair hwn yn anhysbys, ond mae'n amlwg ei fod yn perthyn i'r gair Llydaweg *tañvouzenn*.

## *Underpants* (GDD 117)
Sbardun y drafodaeth hon oedd llun o ddynion parchus Fictoraidd yn gwisgo '*long-johns*', a'r gair *drafersi* a nododd Gwenallt yn *Ffwrneisiau*, ei bortread o gymdeithas ei ieuenctid yng Nghwm Tawe. Mae'r sgwrs yn ymwneud ag '*underpants*' a '*long-johns*' felly.

Pans a wisgir yng Ngheredigion, *pants* yng Nghwm Gwendraeth a'r lluosog yw *pantsys*. Yn Llanelli clywir *pants mawr* am '*long-johns*'. *Dillad isa* sy'n arferol am bob math a wisgir gan ddynion a merched, ond clywir *dillad dano* yn Llanelli. Nododd un o'r Gogledd: 'Mi soniodd hen fachgan o ochrau Aberdaron wrtha i am 'trôns incil' flynyddoedd yn ôl. Trôns hefo rhyw fath o '*lace*' rownd gwaelod y coesau oedd y dilledyn yma, a dywedodd eu bod i'w gweld yn hongian ar sawl lein ddillad yn yr ardal erstalwm.' Ychwanegodd rhywun o'r ardal mai rhuban cotwm i neud ymyl taclus i ddilledyn oedd yr *incil*. Yng ngodre Ceredigion dywedir *trowser bach*, *trwsys bach* yn Nhalgarreg.

Yn y Gogledd (a gogledd Ceredigon) y gair arferol am '*underpants*' yw *trôns*, a'r lluosog yw *tronsia* neu *tronsie* (yn dibynnu ar yr ardal). Mae'r ffurf heb yr *n*, sef *trôs*, yn gyffredin ym Môn. Gellir cymharu hyn ˆJôs am Jones. Ym Mhenllyn ac ym Maldwyn gellwch glywed *clos bach*, a *trwsys bach* yn Hiraethog, *trowsus isa* neu *clos* yn ardal Wrecsam. Yn nwyrain Penllyn hyd at Lyn Ceiriog *drôns* sy'n arferol. Yn ôl GDD (117) roedd *drôrs* ar lafar yn Sir Benfro, ond ni nododd neb fod hwn ar lafar o hyd.

O ran y tarddiad daw *drafers* a *trôns* ill dau o'r Saesneg '*drawers*', hynny yw y dilledyn sy'n cael ei dynnu (*to draw*) amdanoch. Yn y De trodd yr *w* yng nghanol y gair yn *f*, felly '*drawers*' i *drafers*, a lluniwyd lluosog (dwbwl) newydd, sef *drafersi*. Mewn rhannau o'r Gogledd-ddwyrain trodd '*drawers*' yn *drôns*, ond yn y Gogledd-orllewin caledwyd (dileisiwyd) y *dr-* yn *tr-*. Gallech gymharu hyn â *drem* > *trem*, a *drum* > *trum*. Mae'n debyg mai dadfathiad a barodd \**drôrs* droi'n *drôns* a *trôns*, hynny yw yr awydd i beidio â chael dwy *r* yn yr un gair byr. O '*close*' ffurf dafodieithol Saesneg ar '*clothes*' y daeth *clos*, ac mae hwn yn fenthyciad gweddol gynnar sy'n digwydd yn y bedwaredd ganrif ar bymtheg, er enghraifft yn y cwpled hwn o gywydd gan y bardd Iolo Goch:

> Aur melyn gloyw ermyn glos,
> A gais dyn ac ystinos.

## Whilibawan (FWI 141)
Dyma air Ceredigion, Sir Gâr a Sir Benfro am sefyll o gwmpas, gwastraffu amser, '*to dilly-dally*'. *Wilibowan* yw'r ynganiad yng Nghapel Iwan.

## Ysgyfaint
Cychwynnodd y sgwrs hon gyda *dwy sgefen*, sef y ffurf a gofnodwyd yng ngogledd Sir Benfro dros gan mlynedd yn ôl. Erbyn heddiw mae'r rhan fwyaf ledled Cymru yn dweud *ysgyfaint*, ond mae'n eithaf sicr mai ffurf ddysgedig yw hon, gan fod Cymraeg llafar yn dueddol o golli'r *y* ar ddechrau geiriau hirion o'r fath, geiriau ac ynddynt fwy na dwy sillaf. Meddyliwch am eiriau fel '*stafell*. Er hyn gall pwysau'r ffurf unigol, pan fo'r *y* dan yr acen (fel *ysgol*) beri cadw'r sain pan fo'r acen wedi symud oddi arni e.e. *ysgolion* yn hytrach na '*sgolion*. *Sgyfain* a *sgyfaint* a nodwyd yn ardal Bangor yn 1913 (WVBD 489) sy'n cadarnhau'r ffurf lafar. Mae'n debyg y byddai ein cyndadau'n fwy cyfarwydd â'r rhan hon o'r corff yn y dyddiau pan oedd cig i'w gael ar ffurf lai plastig nag yn yr archfarchnad leol. Nododd ambell un fod *lyngs* hefyd ar lafar, a rhaid cydnabod ei fod yn eithaf cyffredin.

Er hyn mae'r ffurf lafar draddodiadol yn dal gennym yma ac acw. Yn Nhalgarreg cawsom *dwy ysgyfen* (tybed ai *dwy sgyfen* sydd ar lafar gwlad) a *sgafen* yn Gors-las. Yn *Tafodiaith Rhan Isaf Dyffryn Llwchwr* (1958) nodwyd *scefen*. *Sgefin* a nodwyd yn y Rhondda gydag 'afu a sgefin y mochyn a dyna chi llon plat o ffagots; bach o grefi 'ed wthgwrs!'

Beth am y tarddiad? Mae gennym y ffurf Hen Gernyweg sef *sceuens*. Yn yr iaith honno trodd pob *t* a *d* ar ddiwedd gair yn *s*. Dyma pam y trodd \**Pen-sant* (sanctaidd) yn Penzance. *Skevent* a ddywed y Llydawyr a daw'r rhain o'r ffurf Gelteg \**skamantī*. O ffurf debyg y daeth y gair Gwyddeleg Canol *scaim* (mewn enw lle). Go brin eich bod erioed, os nad ydych yn feddyg neu'n gweithio mewn lladd-dy, wedi codi pâr o'r rhain yn eich dwylo noeth, ond petaech wedi gwneud byddech yn sylwi mor ysgafn ydynt. Ac mae'n bur debyg bod y gair yn deillio o fôn y gair *ysgafn* ei hun. Yn wir '*lights*' (ysgafn) yw un o eiriau'r Sais am '*lungs*'.

# Diolchiadau

Dymunaf ddiolch i bawb isod am eich cymorth, eich brwdfrydedd a'ch chwilfrydedd. Mae gan y grŵp 15,700 o aelodau erbyn hyn, ac mae'n wych gweld bod cynifer yn cyfrannu. Fel y gwelwch mae cyfranwyr o bob ardal yng Nghymru, un o'r Wladfa, ac o wledydd eraill. Chwychwi isod sydd wedi gwneud y llyfr, dim ond ceisio rhoi trefn ar y sylwadau ac ychwanegu nodiadau a wneuthum. Weithiau dim ond un sylwad a wnaeth cyfrannydd, ond mae dweud pethau fel 'anghyfarwydd' yn gadarn o werth mawr. Mae rhai wedi cyfrannu cannoedd o sylwadau, ac wedi rhoi enghreifftiau lu, ac wedi manylu ar faterion dyrys. Mae fy nyled yn fawr iawn ichi.

Nodir yr ardaloedd fel y dewisodd y cyfranwyr eu nodi, a chadwyd yn bennaf at ffurfiau'r enwau fel y'u rhoddwyd ar *Facebook*.

1. Ada Davies (Llanybri)
2. Adam James Davies
3. Adam Jones (Dyffryn Aman)
4. Alan Davies Hughes (Llanbrynmair)
5. Alan Evans (Y Bala)
6. Alan Richards (Pontarddulais)
7. Alaw Fflur Jones (Llanwrin)
8. Alaw Môn Thomas (Môn)
9. Albany Jones (Islwyn)
10. Aldwyth Collins (Port Talbot)
11. Aled Bont Jones (Ciliau Aeron)
12. Aled Dafis (Caerwedros)
13. Aled Elwyn Jones (Dinbych)
14. Aled Francis (Sir Benfro)
15. Aled Gwyn Williams (Maesteg)
16. Aled Lewis (Capel Newydd)
17. Aled Williams (Llithfaen)
18. Alex Lovell
19. Alexis Elizabeth (Y Rhondda)
20. Alice James (Crymych)
21. Alison Ellis (Caerfyrddin)
22. Alison Farrar (Bangor)
23. Alun Iâl Jones
24. Alun Jones
25. Alun Llewelyn (Ystalyfera)
26. Alun Rees (Garnswllt)
27. Alun Rhys Jones (Prestatyn)
28. Alwen Green
29. Alwyn Evans (Rhyd-y-main)
30. Alys Elica Zaerin
31. Alys Mary Jones
32. Alyson Harries (Tre-lech)
33. Amanda Evans (Esquel Patagonia)
34. Amelia Davies (Caerfyrddin)
35. Amy Jenkins
36. Andrea Roberts (Llanberis)
37. Andrew Brown (Y Bala)
38. Andrew Rowlands
39. Aneirin Hughes
40. Anet Thomas (Penrhyn Llŷn)
41. Angela Johnson (Castellnewydd Emlyn)
42. Angela Roberts (Arfon)
43. Angela Wjr (Fflint)
44. Angh Harri (Port Talbot)
45. Angharad Ab Iorwerth (Trawsfynydd)
46. Angharad Llwyd Roberts
47. Angharad Owen (Môn)
48. Angharad Rhiannon Griffiths-Payne (Dre-fach Felindre)
49. Angharad Thomas (Llanfairpwll)
50. Anita Lloyd Jones

51. Anita Myfanwy
52. Ann Derec James (Llangybi)
53. Ann Dicks Roberts (Blaenau Ffestiniog)
54. Ann Dwynwen Davies (Arfon)
55. Ann Eleri Jones (Trawsfynydd)
56. Ann Eleri Weeks (Llanelli)
57. Ann Elizabeth Williams (Waunfawr)
58. Ann Evans (Porthaethwy)
59. Ann Holland (Dwyran)
60. Ann Hughes (Llanbedrog)
61. Ann James (Pen-y-bryn, Sir Benfro)
62. Ann Jones (Capel Curig)
63. Ann Jones (Harford, Sir Gaerfyrddin)
64. Ann Jones (Meirionnydd)
65. Ann Morris (Maenclochog)
66. Ann Parry-williams (Penrhyn Llŷn)
67. Ann Plonka Lowther (Dyffryn Banw)
68. Ann Richards-horgan (Cwm Nedd)
69. Ann Temp (Bethesda)
70. Ann Thomas (Aberteifi)
71. Ann Vodrey (Llanelli)
72. Ann Williams (Aberteifi)
73. Ann Wyn Thompson (Arfon)
74. Anna Beynon-Makepeace (Sir Benfro)
75. Anna Gruffydd (Llŷn)
76. Anna Jones (Aber-soch)
77. Anne Evans (Caernarfon)
78. Anne Gunter (Gwynfe)
79. Annes Wyn Williams (Môn)
80. Annie Evans (Llambed)
81. Annwen Jones (Môn)
82. Annwyn Rose-Ellen Lewis (Ystalyfera)
83. Anthony Caradog Evans (Harlech)
84. Anthony Hodges
85. Anthony Stewart
86. Anwen Cullinane (Sir Gâr)
87. Anwen Goodacre (Llanrug)
88. Anwen Harman (Dyffryn Nantlle)
89. Anwen Kilan (Aber-soch)
90. Anwen Roberts (Blaenau /Y Bala)
91. Anwen Thomas (Pentir)
92. Aran Jones (Y Bala)
93. Arfon Hughes (Dyffryn Ceiriog)
94. Arfon Wynne (Pandy Tudur)
95. Aron Lewis (Brynaman)
96. Arwyn Herald
97. Arwyn Tudur Jones
98. Aubrey Thomas
99. Audra Roberts (Môn/Arfon)
100. Avril Jones (Ceredigion)
101. Awel Haf (Corwen)
102. Awen Hamilton (Trefor)
103. Bath Vader (Bethesda)
104. Beca Brown (Arfon)
105. Becky Rowe (Y Rhondda)
106. Bekki Stott (Y Bala)
107. Benjiman Angwin
108. Beryl Burgess (Llambed)
109. Beryl Davies (Porthmadog)
110. Beryl Williams (Dre-fach Felindre)
111. Bet Lloyd Jones (Porthmadog)
112. Beth Davies (Gorrig)
113. Beth Durrell (Rhuthun)
114. Bethan Cummings (Dinbych)
115. Bethan Gwanas (Gwanas)
116. Bethan Hughes (Môn)
117. Bethan Jones (Ceinewydd)
118. Bethan Jones Griffiths (Môn)
119. Bethan Mair (Pontarddulais)
120. Bethan Pari Jones (Môn)
121. Bethan Roberts (Corwen)
122. Bethan-Catrin Roberts (Tre-garth)
123. Beti Rhys (Porthmadog)
124. Betsan Davies William (Pencader)
125. Beverley Hughes (Môn)
126. B Hugh Gwynne (Llandudoch)
127. Bidi Griffiths (Hermon, Sir Benfro)
128. Bleddyn Jones (Tregarth)
129. Bleddyn Roberts (Pwllheli)
130. Bob Wyn Williams (Amlwch)
131. Bonni Davies (Cwm Gwaun)

132. Brad Jones (Sir Conwy)
133. Branwen Davies (Môn)
134. Branwen Gwyn (Dyffryn Ogwen)
135. Branwen Llewelyn Jones (Pontardawe)
136. Brenda Jones (Trefor)
137. Brian A Myf Rees
138. Brian Backhouse
139. Brian Roberts (Rhuthun)
140. Bronwen Green (Llanllwni)
141. Bryn Colion
142. Buddug Hill (Mynytho)
143. Cadi Iolen Jones-Roberts (Pentir)
144. Cai White (Crymych)
145. Calfyn Lewis Roberts (Ffestiniog)
146. Carey Thomas (Abertawe)
147. Carian Elen Roberts (Penrhyn Llŷn)
148. Carol A Bott (Rhydaman)
149. Carol Byrne Jones (Llandyfrïog)
150. Carol Owen Jones (Penrhyn Llŷn)
151. Carol Thomas (Penrhyn Llŷn)
152. Carol Williams
153. Caroline Mitchell (Dyffryn Maentwrog)
154. Carwen Davies
155. Caryl Ann (Aber-porth)
156. Carys Alun (Llandysul)
157. Carys Jones Bird (Dyffryn Nantlle)
158. Carys Lloyd
159. Carys Melangell (Llangollen)
160. Carys Underdown
161. Cat Drama (Gaerwen)
162. Catarina Blodyn (Ffestiniog)
163. Cath Clwch (Môn)
164. Catherine Edwards (Penrhyn Llŷn)
165. Catherine Penrose (Cyffordd Llandudno)
166. Catherine Trow (Llanfachreth)
167. Cathi Bach Williams (Porthmadog)
168. Cathrin Williams (Môn)
169. Cathryn Gwynn
170. Catrin Bellamy Jones (Llan-arth)
171. Catrin Doyle
172. Catrin Elis Williams (Mynytho)
173. Catrin Fychan (Machynlleth)
174. Catrin Hughes ( Y Tymbl)
175. Catrin Hughes-Branch (Arfon)
176. Catrin Johnson (Llandyrnog)
177. Catrin Llywelyn (Betws, Rhydaman)
178. Catrin Soraya Williams (Pantglas)
179. Catrin Withers (Môn)
180. Cecil Jones
181. Ceindeg Haf Evans (Llangrannog)
182. Ceinwen Gwilym (Blaenau Ffestiniog)
183. Ceinwen Parry (Arfon)
184. Ceinwen Williams (Arfon)
185. Celf Iona Edwards-Jones Art (Dinbych)
186. Celt Roberts
187. Cen Williams (Llandegfan)
188. Ceredig ap Dafydd (Abertawe)
189. Ceri James (Abertawe)
190. Ceri Llwyd
191. Ceri Williams (Llanrhaeadr-ym-Mochnant)
192. Ceridwen Oakley Owen (Rhosgadfan)
193. Ceridwen Williams (Gwynedd)
194. Ceril Rhys-Dillon (Y Barri)
195. Ceris Davies (Rhydlewis)
196. Cerith Dafydd Rhys Jones (Cwm-gors)
197. Cerys P Dèfis (Castellnewydd Emlyn)
198. Christopher Woodard (Caerdydd)
199. Cian Marc (Môn)
200. Claire Evans
201. Claire Morgan (Aberhonddu)
202. Cofio Arthur Morgan Thomas (Penmachno)
203. Colin Robins (Llanelli)

204. Con Keyes (Dyffryn Clwyd)
205. Craig Hitchings (Pen-y-bont ar Ogwr)
206. Crysau Cymraeg Shwldimwl (Llanboidy)
207. Cymro Jazz (Sir Gâr)
208. Cynthia Owen (Aberystwyth)
209. Dafydd Bates (Rhuthun)
210. Dafydd Dafydd Emyr (Môn)
211. Dafydd Gwallter Dafis (Tanygrisiau)
212. Dafydd Jenkins (Tal-y-bont)
213. Dafydd Lloyd (Llan-arth)
214. Dafydd Morgan Lewis (Dyffryn Banw)
215. Dafydd Price Jones
216. Dafydd Roberts (Dyffryn Clwyd)
217. Dafydd Whiteside Thomas (Llanrug)
218. Dafydd Williams
219. Dai Davies (Pont-y-gwaith)
220. Dai Hawkins
221. Dai Lingual (Aberystwyth)
222. Daliah Raouf (Porthmadog)
223. Daloni Owen
224. Dan Barlow (Pontypridd)
225. Dan Morris (Porthmadog)
226. Daniel O'Callaghan (Pwll-trap)
227. Danny Williams (Bethesda)
228. Darrel Campbell (Glanaman)
229. Darren Jones
230. Davena Evans (Ceredigion)
231. David James
232. David Walters (Aberdâr)
233. David Williams (Tanygrisiau)
234. Davies Blew
235. Davyth Fear (Cernyw)
236. Dawn Chadwick (Pontypridd)
237. Dawn Elizabeth Bowen (Porthmadog)
238. Dawn Fitzell
239. Debbie Hughes Adams (Penllyn)
240. Debbie Moon (Dre-fach, Cwm Gwendraeth)
241. Dei Jones (Mynytho)
242. Dei Mur (Blaenau Ffestiniog)
243. Deian Evans (Castellnewydd Emlyn)
244. Deian P Jones (Caernarfon)
245. Deio Huws (Caernarfon)
246. Del D'Aubray (Beddgelert)
247. Delia Brotherton
248. Delme Bowen (Llanedi)
249. Delwyn Davies (Harlech)
250. Delyth Ann Rogers (Rhuthun)
251. Delyth Curry (Y Barri)
252. Delyth Davies (Cribyn)
253. Delyth Davies (Stiniog)
254. Delyth Fôn (Deiniolen)
255. Delyth G Morgans Phillips (Dyffryn Aeron)
256. Delyth Gadlys Williams
257. Delyth James (Cwm Gwaun)
258. Delyth Johnson (Rhydaman)
259. Delyth Lewis (Cwm Gwendraeth)
260. Delyth Mai Jones (Gellioedd)
261. Delyth Mair (Castell-Nedd)
262. Delyth Parry (Llanberis)
263. Delyth Pritchard (Môn)
264. Delyth Reed (Llanelli)
265. Delyth Roberts (Amlwch)
266. Delyth Roberts (Rhoslan)
267. Delyth Woods (Llanwennog)
268. Dennis Davies (Llanrwst)
269. Derec Stockley (Cwmwd Is-Caeach)
270. Deric Meidrum (Glynllwchwr)
271. Derrick Jones (Môn)
272. Derwyn Williams (Môn)
273. Des Morgan (Mynydd Llandegái)
274. Dewi Erwan (Môn)
275. Dewi Evans (Y Bala)
276. Dewi J Morris (Dyffryn Dyfi)
277. Dewi James (Deiniolen)
278. Dewi Morgan (Caernarfon)
279. Dewi Poole (Maldwyn)
280. Dewi Prysor (Trawsfynydd)

281. Dewi Wyn Morgan (Llanbedr Pont Steffan)
282. Diana Ann Bianchi (Llambed)
283. Didds Evans
284. Dil Lewis (Y Bala)
285. Dilwen Walsh (Aberteifi)
286. Dilwyn Williams (Penrhyn Llŷn)
287. Dilys Davies (De Ceredigion)
288. Dilys Hughes (Bryngwran)
289. Dolan Williams
290. Dolwen Williams (Penrhyn Llŷn)
291. Doran Williams (Pistyll)
292. Dorian Gray Williams (Caergybi)
293. Dorothy Hughes (Pont-rhyd-y-fen)
294. Dot Bailey (Niwbwrch)
295. Dulyn Griffith
296. Duncan Brown (Caernarfon)
297. Dwynwen Berry (Llanrwst)
298. Dwynwen Llywelyn (Dyffryn Aeron)
299. Dwynwen Roberts (Llandudno)
300. Dwyryd Williams (Dolgellau)
301. Dyfan Lewis
302. Dylan Foster Evans (Tywyn)
303. Dylan Jones (Cwm Gwendraeth)
304. Dylan Rhys Thomas (Sir Gâr)
305. Ed Griffiths (Pentraeth)
306. Edna Morgan (Arfon)
307. Edward Howell Jones (Cilybebyll)
308. Edward Keith (Pen-y-groes)
309. Edwin Humphreys (Dyffryn Nantlle)
310. Edwina Vaughan Griffith (Bethesda)
311. Edwyn Phillip Parry (Crymych)
312. Eflyn Owen-Jones (Môn)
313. Eflyn Williams (Brynsaithmarchog)
314. Eiddwen Thomas (Llanwennog)
315. Eifion Thomas
316. Eifion Wyn Williams (Môn)
317. Eifiona Rider (Mynytho)
318. Eiirian Allport (Dwyfor)
319. Eileen Jenkins (Sir Gaerfyrddin)
320. Eileen Jukes (Llannerch-y-medd)
321. Eilian Williams (Môn)
322. Eilir Hughes (Corwen)
323. Einir Wyn Roberts (Llanrug)
324. Einir Young
325. Eira Davies (Cwm Gwendraeth)
326. Eirian Edwards
327. Eirian Evans (Bryncir)
328. Eirian Hughes-Baines (Dyffryn Conwy)
329. Eirian Peters (Eifionydd)
330. Eirian Roberts (Dyffryn Nantlle)
331. Eirianwen Blackford (Dinbych)
332. Eirlys Griffiths
333. Eirlys Howell Richards (Boncath)
334. Eirlys Morgan (Bronant)
335. Eirwen James (Llanddewi Brefi)
336. Eirwen Jones (Talwrn)
337. Eiry Rochford (Croes-goch, Sir Benfro)
338. Elanwy Leaney (Penrhyn Llŷn)
339. Eleanor Burnham (Edeirnion)
340. Elen Cambridge-Owen (Cerrigydrudion)
341. Elen Davies (Cwm Gwendraeth)
342. Elen Rhys (Penfforddlas)
343. Eleri Browning (Cwm-gors)
344. Eleri Gwyndaf (Dyffryn Ceiriog)
345. Eleri Hourahane (Aberaeron)
346. Eleri Huws
347. Eleri Jenkins-Edwards (Trewyddel)
348. Eleri Lewis (Machynlleth)
349. Eleri Rees Roberts (Penrhyn Llŷn)
350. Eleri Samson (Llangeler)
351. Eleri Wyn (Hiraethog)
352. Elfair Jones (Cwm Tawe)
353. Elfed a Marian (Betws-yn-Rhos)
354. Elfed Griffiths (Môn)
355. Elfed Gruffydd (Penrhyn Llŷn)
356. Elfyn Hughes
357. Elidir Llŷr (Pontarddulais)
358. Elin Elis (Mynytho)

359. Elin Haf Gruffydd (Caernarfon)
360. Elin Llwyd Morgan (Llanfairpwll)
361. Elin Lowri James (Aberteifi)
362. Elin Maher (Cwm Tawe)
363. Elin McGowan
364. Elin Meredith
365. Elin Owen (Gwauncaegurwen)
366. Elin Thomas (Llandysul)
367. Elinor John (Abertawe)
368. Elinor Richards (Rhuthun)
369. Elinor Wyn Nicholson (Tyddewi)
370. Elisabeth Decaro (Aberdâr)
371. Elisabeth Jones (Nefyn)
372. Elizabeth Jones (Penrhyn Llŷn)
373. Elizabeth Mary Woodcock (Llanberis)
374. Elizabeth Toghill (Nedd, Afan)
375. Ellen Bach (Cwm Rhondda Fach)
376. Ellen Grundy (Môn)
377. Ellen Thomas Woolway (Blaenau Ffestiniog)
378. Elliw Jones
379. Elspeth Cotton (Tyddewi)
380. Eluned Stalham (Tregaron)
381. Eluned Williams
382. Eluned Winney
383. Elved Jones (Glyndyfrdwy)
384. Elvey MacDonald (Dyffryn Ceiriog)
385. Elvira Austin (Port Talbot)
386. Ema Jayne Owen (Trefor)
387. Emlyn Penny Jones (Carmel)
388. Emyr Morgan (GCG, Gwauncaegurwen)
389. Emyr Williams (Meidrim)
390. Emyr Wyn (Cwm Gwendraeth)
391. Ena Morris (Sir Benfro)
392. Enaid Smailliw (Bangor)
393. Endaf Jones (Clwyd)
394. Endaf Jones (Login)
395. Endaf Roberts
396. EnEl Roberts (Llanrug)
397. Enid Mair Davies (Eglwys-bach)
398. Enlli Thomas (Llanfairpwll)
399. Ennys Er Foeterez
400. Erfyl Smith (Llanelli)
401. Eric Richardson (Dyffryn Ogwen)
402. Erica Davies (Rhydaman)
403. Erwyn Jones (Blaenau Ffestiniog)
404. Eryl Rowlands (Amlwch)
405. Esyllt Edwards (Cerrigydrudion)
406. Eurig Williams (Felingwm, Caerfyrddin)
407. Euros Puw (Penllyn)
408. Eurwen Booth
409. Eurwyn Thomas (Penrhyn Llŷn)
410. Felicity Roberts
411. Fernando Javier Saldivia (Trelew)
412. Ffh Davies
413. Frances Ann Hughes (Môn)
414. Francis Favereau (Llydaw)
415. Fulup Jakez (Llydaw)
416. Ffion Emyr Bourton (Llanrwst)
417. Ffiona Jones (Porth Tywyn)
418. Ffred Ffransis
419. G Wen Llian (Bodorgan)
420. Gail Jenkins (Cwm Gwendraeth)
421. Gail Moore
422. Gareth Davies (Pump-hewl)
423. Gareth Gravell
424. Gareth Hughes (Dinbych)
425. Gareth Lloyd (Rhosllannerchrugog)
426. Gareth Parry (Môn, Llŷn)
427. Gareth R. Wiŷiams (Talsarnau)
428. Gareth Thomas (Pendryn)
429. Gareth Vaughan Jones
430. Gareth Williams (Pontyberem)
431. Gareth Young
432. Gari Bevan (Merthyr Tudful)
433. Garin Sion Fitter (Aberystwyth)
434. Gary Beard (Bynea, Llanelli)
435. Gary Pocock (Llan-non)
436. Gavin Higgins (Llandudoch)
437. Gaynor Cordelia Knight (Sir Benfro)
438. Gaynor Taylor (Môn)
439. Gêr Blackwööd

440. Ger Roberts
441. Geraint ap Siôn (Guernsey)
442. Geraint Davies (Môn)
443. Geraint H Ashton (Dolgellau)
444. Geraint Hughes
445. Geraint Jones (Coedpoeth)
446. Geraint Jones (Llithfaen)
447. Geraint Løvgreen
448. Geraint Morgan (Bwlch-llan)
449. Geraint Owain Price (Yr Hendy)
450. Geraint Rees
451. Geraint Roberts (Ystradgynlais)
452. Geraint Williams (Trefor)
453. Gethin Clwyd (Hiraethog)
454. Gethin Jones (Pontsiân)
455. Gethín Mørgan (Llambed)
456. Gethin While (Aberdâr)
457. Gill Stephen (Caerdydd)
458. Gillian Burns (Glynceiriog)
459. Gina Sarracini Pope (Llechryd)
460. Glenda James (Llandysul)
461. Glenna Mair Jones (Stiniog)
462. Glenys Lightfoot (Yr Wyddgrug)
463. Glenys Mair Roberts (Llangefni)
464. Glenys Sturgess (Prestatyn)
465. Glenys Tudor Jones (Ffestiniog)
466. Glyn Ellis Hughes (Eifionydd)
467. Glyn Furnival-Jones
468. Glyn Williams (Porthmadog)
469. Glynis June Williams (Môn)
470. Glynog Davies (Brynaman)
471. Gorwel Owen (Môn)
472. Gorwel Roberts (Penrhyndeudraeth)
473. Grace Davies Evans (Môn)
474. Gracie Burton (Môn)
475. Greg Williams (Llanelli)
476. Greta Hughes (Llanbedrog)
477. Gron a Bet Richards (Y Bala)
478. Gruff ag Anne Richards (Rhuthun)
479. Gruff Em (Y Rhondda)
480. Gruffudd Prys
481. Gruffydd Williams (Nefyn)
482. Guto Jones (Capel Iwan)
483. Guto Rhys (Llanfairpwll)
484. Gwawr Closs
485. Gwawr Eilian (Llaneilian)
486. Gwawr Jones (Llangybi)
487. Gweirydd Ioan (Hermon, Cynwyl Elfed)
488. Gwen Angharad Gruffudd (Arfon)
489. Gwen Baucage (Dolwyddelan)
490. Gwen Carys Jones Parry (Llithfaen)
491. Gwen Evans (Rhosllannerchrugog a Phonciau)
492. Gwen Hine (Môn)
493. Gwen Jones-Edwards
494. Gwen Parrott (Sir Benfro)
495. Gwenan Mair Ellis (Dinbych)
496. Gwenan Mair Powell (Rhydlewis)
497. Gwenan Owain (Pwllheli)
498. Gwenan Roberts (Corwen)
499. Gwenda Bruce (Bodwrog, Môn)
500. Gwenda Evans (Sarnau, Ceredigion)
501. Gwenda Holyfield (Moel-y-ci)
502. Gwenda Morgan (Brynaman)
503. Gwenda Robbins (Penllyn)
504. Gwendoline Roberts (Môn)
505. Gwenith Roberts (Blaenau Ffestiniog)
506. Gwenllïan Angharad (Maldwyn)
507. Gwenllîan Grigg (Talgarreg)
508. Gwenllïan Jones (Bethesda)
509. Gwenllîan Jones Palmer (Môn)
510. Gwenno Hughes (Porthaethwy)
511. Gwerfyl Price (Dolgellau)
512. GwilBow Rhys
513. Gwilym Owen (Bethesda)
514. Gwion Llwyd (Llanrug)
515. Gwion Owain (Dyffryn Nantlle)
516. Gwydion Gruffudd
517. Gwylon Philips (Llanilar)
518. Gwyn Jones (Tregaron)
519. Gwyn Owen Roberts (Hen Golwyn)
520. Gwyn Parry

521. Gwyn Roberts (Y Bala)
522. Gwyn Vaughan Jones (Meirionnydd)
523. Gwyndaf Breese (Bro Ddyfi)
524. Gwyneth Davies (Llanybydder)
525. Gwyneth Ffrancon Lewis (Dolgellau)
526. Gwyneth Jones (Bethesda)
527. Gwyneth Vaughan (Llangernyw)
528. Gwynethann Harries (Rhydaman)
529. Gwynfor Rees
530. Gwynneth Jones (Tudweiliog)
531. Gwynneth Lewis Williams
532. Haf Meredydd (Llanfair, Harlech)
533. Hafwen Glynne Roberts (Sir Ddinbych)
534. Han Evans (Aberaeron)
535. Hannah Siân
536. Hari Powell
537. Hari Powell (Cwm Tawe)
538. Haulwen Booth (Gwynfe)
539. Hawys Hughes (Aberystwyth)
540. Hawys Tuff (Dyffryn Clwyd)
541. Haydn Lewis (Canol Ceredigion)
542. Hedd Gwynfor (Dyffryn Teifi)
543. Hedd Harries (Bwlch-y-groes)
544. Heddyr Gregory (Brynaman)
545. Hedydd Hughes (Abergwaun)
546. Hefin Boco Jones (Cwm Gwendraeth)
547. Hefin Williams (Dyffryn Nantlle)
548. Hefina Davies (Merthyr Tudful)
549. Hefina Roberts (Llanllyfni)
550. Heledd Griffiths (Llandudoch)
551. Heledd Haf Williams (Môn)
552. Heledd Jones (Gogledd Penfro)
553. Helen Arlene Lloyd Jones
554. Helen Davies (Y Bala)
555. Helen Fisher
556. Helen Graham Thomas (Amlwch)
557. Helen Gwyn (Blaenau Ffestiniog)
558. Helen Hogan (Bangor)
559. Helen Lane (Llanelli)
560. Helen Mai Owen (Môn)
561. Helen Perkins
562. Helen Pughe (Darowen)
563. Helen Rowlands (Bethesda)
564. Helen Scott (Penrhyn Llŷn)
565. Helen Williams (Caernarfon)
566. Helen Wyn Price (Hen Golwyn)
567. Herve Sebille Kernaudour (Llydaw)
568. Heulwen Jones (Rhydaman)
569. Hilda Williams (Morfa Nefyn)
570. Hughes Gar (Bethesda)
571. Huw Davies (Sir Gâr)
572. Huw Denman (Brechfa)
573. Huw Erith (Penrhyn Llŷn)
574. Huw Gerallt Evans (Glan Conwy)
575. Huw Glyn Williams (Felinheli)
576. Huw Griffiths (Dyffryn Tywi)
577. Huw Jones (Bethesda)
578. Huw K Williams (Rhuthun)
579. Huw Owen
580. Huw Pritchard (Criccieth)
581. Huw Roberts (Gwynfe)
582. Huw Thomas
583. Huw Williams (Y Bala)
584. Hywel Ebsworth
585. Hywel Nicholas (Brynaman)
586. Hywel Owen (Groeslon)
587. Hywel Wyn Jones (Morgannwg)
588. Ian Hughes (Rhosllannerchrugog)
589. Ian Morlais Williams (Llangennech)
590. Ian Williams (Treletert)
591. Idris Jones (Arfon)
592. Iestyn Pritchard
593. Iestyn Tyne Hughes (Penrhyn Llŷn)
594. Ieuan James (Dolgellau)
595. Ieuan Jones (Betws Ifan)
596. Ifan Morgan (Caernarfon)
597. Ifan Wyn (Glanrafon)
598. Ilaria Zanier
599. Ioan Jones (Criccieth)
600. Iola Emmanuel (Edeirnion)

601. Iola Roberts (Wrecsam)
602. Iola Wyn (Bethesda)
603. Iona Griffith (Penrhyn Llŷn)
604. Iona Jones (Rhuthun)
605. Iona Lyn Hughes (Penrhyn Llŷn)
606. Iona Porffor (Tregaron)
607. Iona Williams (Cwm Gwaun)
608. Iris Williams (Llannerch-y-medd)
609. Iwan Ellis-Roberts
610. Iwan Hughes
611. Iwan Meirion Lloyd-Williams (Ardudwy)
612. Iwan Thomas (Dyffryn Aeron)
613. J Gwynfor Jones (Maldwyn)
614. J Hugh Davies (Clydach)
615. J. Rees-Mogg (Llanbidinodyn)
616. Jac Jolly (Blaenpennal)
617. Jaci Parri (Dyffryn Nantlle)
618. Jacqueline Adams
619. James Carlick (Caerffili)
620. James Williams (Aber-carn)
621. Jan Bennett (Môn)
622. Jan Foulkes (Llanberis)
623. Jan Kench (Castellnewydd Emlyn)
624. Jane Angharad Edwards (Wrecsam)
625. Jane Jones (Eifionydd)
626. Jane Wright (Llansanffraid)
627. Janet Bowen (Brynaman)
628. Janet Evans (Llanelli)
629. Janet Mai (Bryn-crug)
630. Janet Owen (Môn)
631. Janet Watkin (Bethesda)
632. Jason Edwards (Môn)
633. Jayne Williams (Abertawe)
634. Jean Margaret Humphreys (Treorci)
635. Jean Pierce (Felinheli)
636. Jeff Lewis
637. Jen Morris (Bethesda)
638. Jen Richards (Ponciau a Rhosllannerchrugog)
639. Jenni Wyn Hyatt (Maesteg)
640. Jeremy Turner (Aberdâr)
641. Jessica Davies (Llwynhendy)
642. Jim Honeybill (Amlwch)
643. Jo Evans (Llanddeiniolen)
644. Joan Davies (Treforys)
645. John Beynon (Birmingham)
646. John Beynon (Bro Morgannwg)
647. John Cee (Casnewydd)
648. John Cymro Thomas (Abergwaun)
649. John Davies (Sanclêr)
650. John Edward Williams (Felinheli)
651. John Goodman Matthews (Arfon)
652. John Harries (Llanddarog)
653. John Love (Nefyn)
654. John Parry (Mynytho)
655. John Pierce Jones (Môn)
656. John R. Thomas (Cwm-twrch)
657. John Roberts (Gwyrfai)
658. John Sam Jones (Y Bermo)
659. John Vivian Harris (Ynys-y-bwl)
660. John Warren
661. Jonathan Griffiths (Aber-soch)
662. Joshua McCarthy (Cwm Rhymni)
663. Joyce Povey (Dwyfor)
664. Julia James (Canolbarth)
665. Julian Jones (Bancffosfelen)
666. Julie Waring
667. June Bird (Porth Amlwch)
668. June Lewis (Porthmadog)
669. Kadun Rees (Abertawe)
670. Karen Rees (Pontrhydfendigaid)
671. Kate Wheeler (Eifionydd)
672. Kath Thomas (Pontarddulais)
673. Kath White (Dolgellau)
674. Katherine Lewis (Blaenau Ffestiniog)
675. Kathryn Rees (Rhydaman)
676. Kathryn Rowlands (Cwm Gwendraeth)
677. Kathryn Sharp (Caernarfon)
678. Kay Thomas (Cwm Gwendraeth)
679. Keith Barrett (Brynaman)
680. Kelly Thomas
681. Ken Evans (Dyffryn Banw)
682. Keri Morgan (Gors-las)

683. Kevin Edwards (Dyffryn Conwy)
684. Kevin Jones (Porthmadog)
685. Kez Jones (Y Rhondda)
686. Kim Scotland (Llangollen)
687. Kriss Davies (Llanybydder)
688. Laura Northey (Trawsfynydd)
689. Laura Richards (Dyffryn Banwy)
690. Lauren White
691. Lauri Roberts
692. Leanda Wynn (Dyffryn Aman)
693. Leigh Thomson (Cwm Cynon)
694. Lens Ifans (Môn)
695. Ler Morgan (Blaenau Ffestiniog)
696. Leusa Sion (Pen-y-groes)
697. Lewis Rees
698. Lian Thomas (Abertawe)
699. Linda Brown (Bethesda)
700. Linda Harpwood (Coed-y-bryn)
701. Linda Hughes (Môn)
702. Linda Hughes (Sarn Mellteyrn)
703. Linda Pritchard (Môn)
704. Lis Evans (Gwalchmai)
705. Lisa Alvarez Kairelis (Llanelli)
706. Liz Carter-Jones (Yr Wyddgrug)
707. Liz Gardiner (Y Rhondda)
708. Liz Shankland (Dowlais)
709. Liz Thomas (Pontarddulais)
710. Liza Thomas (Blaenau Ffestiniog)
711. Lizzie Potts (Llanelli)
712. Lloyd Gwenno
713. Llŷr Williams (Treletert)
714. Llywela James (Mynytho)
715. Lois Roberts (Nelson)
716. Lois Shaw-Evans
717. Lonwen Roberts (Trefor)
718. Lora Angharad
719. Lowri Angharad (Sîr Gâr)
720. Lowri Bea (Dinbych)
721. Lowri Catrin Jones (Môn)
722. Lowri Fron (Synod Inn)
723. Lowri Gwnj Jones (Bryn-crug)
724. Lowri Huws Jones (Waunfawr, Gwynedd)
725. Lowri Hywel (Dyffryn Tanat)
726. Lowri Richards (Sarn Mellteyrn)
727. Lyn Edwards (Rhosllannerchrugog)
728. Lyn McCann (Caergybi)
729. Lyn Roberts (Elim, Môn)
730. Lynda M Williams (Môn)
731. Lynda Thomas (Sir Gâr)
732. Lynne Brown (Waunfawr)
733. Lynne Rees (Cwm Gwendraeth)
734. Lynne Reynolds (Felin-foel)
735. Lynne Vogensen (Caerfyrddin)
736. Lynwen Merrigan
737. Llewela Williams (Bryn-crug)
738. Llinos Ann Gunn (Cwm Gwendraeth)
739. Llinos Dafis (Bwstryd, Ceredigion)
740. Llinos Eames Jones (Bontnewydd)
741. Llinos Haf Spencer (Rhuthun)
742. Llinos Non Parri (Dyffryn Nantlle)
743. Llinos Phillips (Aberteifi)
744. Llinos Pierce Williams (Rhos-y-bol)
745. Llinos Siân (Y Rhondda)
746. Llinos Vincent (Aberaeron)
747. Llinos Williams (Nefyn)
748. Llio Davies (Penrhyndeudraeth)
749. Llion Jones (Caernarfon)
750. Lliwen Angharad (Dinbych)
751. Llunos Gordon (Maldwyn)
752. Mabon Huws (Caernarfon)
753. Macsen Davies
754. Mag Davies (Harlech)
755. Maggie Parry-Jones (Gogledd Sir Benfro)
756. Maggs Davies (Bryn-crug)
757. Magi Buck (Cwm Afan)
758. Mah Buga (Pantpastynog)
759. Mai Evans (Caerdydd)
760. Mai Scott (Uwchmynydd)
761. Mair Campbell (Llandeilo)
762. Mair Eluned Spencer (Nefyn)
763. Mair Hughes (Trefenter)
764. Mair Morgan (Sir Frycheiniog)
765. Mair Ning (Môn)

766. Mair Owen (Y Felinheli)
767. Mair Read (Llanberis)
768. Mair Rees (Fforest-fach)
769. Mair Ruscoe (Dyffryn Banw)
770. Mair Tomos Ifans (Meirionnydd)
771. Mairwen Gwilliam (Aber-porth)
772. Malan Wilkinson (Caernarfon)
773. Malcolm Wyn Vernon (Blaenau Ffestiniog)
774. Maldwyn Jones (Blaenau Ffestiniog)
775. Maldwyn Pryse (Llandyfri)
776. Mannon Lewis Salbri Herefords
777. Mar Aman (Bethesda)
778. Marc Jon Williams (Bae Colwyn)
779. Mared Lewis (Môn)
780. Margaret Amber Thomas (Ystalyfera)
781. Margaret Bruce (Caergybi)
782. Margaret Caddell (Brynaman)
783. Margaret Davies (Treorci)
784. Margaret Edwards (Rhyd-y-main)
785. Margaret Eifiona Hewitt (Dolgellau)
786. Margaret Hubbard (Llangefni)
787. Margaret Hughes (Ceredigion)
788. Margaret Hughes (Eifionydd)
789. Margaret Jones (Cribyn)
790. Margaret Louisa Jones (Pontiets)
791. Margaret Roberts (Nantlle)
792. Margaret Thomas (Brynhoffnant)
793. Margaret Tucker (Pontardawe)
794. Margaret White (Llanfechell)
795. Margaret Williams (Aberaeron)
796. Margery Hall (Môn)
797. Mari Elen James (Llangennech)
798. Mari Ireland
799. Mari Phillips (Bangor)
800. Mari Roberts (Y Bala)
801. Mari Smith
802. Mari Stephens (Llanerfyl)
803. Maria Owen-Roberts (Uwchaled)
804. Marian Beech Hughes (Llanefydd)
805. Marian Grace Jones (Porthmadog)
806. Marian Phillips (Cwm Gwaun)
807. Marian Vaughan (Rhuddlan)
808. Marian Williams
809. Marie Hughes (Caergybi)
810. Mark Vaughan (Llanelli)
811. Marnel Pritchard (Talsarnau)
812. Martin Coleman
813. Martin Lloyd (Cilgerran)
814. Martyn Bevan
815. Marvin Morgan (Blaendulais)
816. Mary Davies (Llangennech)
817. Mary Evans (Sir Gâr/Ceredigion)
818. Mary Hughes (Caernarfon)
819. Mary Morgan (Tregaron)
820. Mary Moses Nichols (Clydach)
821. Mary Rees (Llanelli)
822. Mary S. Jones (Môn)
823. Mary Simmonds (Cwm-twrch)
824. Mary Sinclair (Llanllwni)
825. Mary Williams
826. Mathonwy Ifan (Pandy Tudur)
827. Mati Jones (Caernarfon)
828. Matt Spry
829. Matthew Spikes (Llangwyryfon)
830. Mattie Evans (Uwchmynydd, Aberdaron)
831. Mayda Morris (Pont-iets)
832. Megan Cynan Corcoran (Nantmor, Eryri)
833. Megan Hughes (Bangor)
834. Megan Jones (Ceredigion)
835. Megan Tudur (Ffos-y-ffin)
836. Megs A Geraint (Sir Gâr/ Ceredigion)
837. Meic Pierce Owen (Môn)
838. Meinir Ann Thomas (Rhydargaeau)
839. Meinir Ffransis
840. Meinir Griffiths-Davies (Tre-groes, Llandysul)
841. Meinir Owen (Môn/Arfon)
842. Meinir Pierce Jones (Llŷn)
843. Meinir Thomson (Llanbrynmair)
844. Meira Ayub (Llanberis)

845. Meira Evans (Llanberis)
846. Meira Owen (Arfon)
847. Meirion Macintyre Huws (Arfon)
848. Meiriona Williams (Dyffryn Conwy)
849. Melanie Davies (Crymych)
850. Melda Grantham (Dihewyd)
851. Melinda Williams (Ystrad Aeron)
852. Melody Preston (Blaenau Ffestiniog)
853. Menai Morgans (Llanelli)
854. Menai Williams (Arfon)
855. Menna Diamond (Blaenau Ffestiniog)
856. Menna George (Pen-parc)
857. Menna Jones (Penrhyn Llŷn)
858. Menna Jones (Pen-parc)
859. Menna Medi Jones (Penllyn)
860. Menna Withington (Sir y Fflint)
861. Meredith Williams (Pencader)
862. Mererid Boswell (Llanuwchllyn)
863. Mererid Devanney (Ceredigion)
864. Merfyn Roberts (Dinbych)
865. Merlyn Cooper
866. Meryl Darkins (Tre-boeth)
867. Meryl George (Aberystwyth)
868. Mic Thomas
869. Michael Dryhurst Roberts (Aberffraw)
870. Michael Edwards (Caerdydd)
871. Michael Zalar (Aberdâr)
872. Michelle Thomas (Sir Benfro)
873. Mici Plwm (Blaenau Ffestiniog)
874. Mike Downey (Caernarfon)
875. Mike Williams (Port Talbot)
876. Minah Drew (De Sir Ddinbych)
877. Miranda Jones (Penrhyn Llŷn)
878. Miranda Morton
879. Miri Collard (Sir Drefaldwyn)
880. Moira Lewis (Wdig, Sir Benfro)
881. Mona Morris (Abergele/Môn)
882. Morag Roberts (Llanfairfechan)
883. Morfudd Nia Jones (Dôl-gran)
884. Morfudd Thomas (Croesor)
885. Morfydd Jones (Llandysul)
886. Morwen Jones (Penrhyn Llŷn)
887. Morwen Rowlands (Maenclochog)
888. Muriel Roberts (Llan-arth)
889. Myfanwy Evans (Llangollen)
890. Myfanwy Owen (Ystradgynlais)
891. Myfanwy Roberts (Amlwch)
892. Myra Parry (Dyffryn Banw)
893. Myrddin Williams (Bethesda)
894. Myrfyn Jones (Dyffryn Clwyd)
895. Nain Abergele (Bethesda)
896. Nan Jones (Rhuthun)
897. Nancy Tomos (Penllyn)
898. Nans Couch (Penrhyn Llŷn)
899. Nans Rowlands (Trawsfynydd)
900. Natheb Fflur (Mynachlogddu)
901. Neil Rosser (Cwm Tawe)
902. Nero Jones (Llandudno)
903. Nerys Barrow
904. Nerys Evans (Y Groeslon)
905. Nerys Ham
906. Nerys Haynes (Bryn-y-maen)
907. Nerys Howell (Sir Gâr)
908. Nerys Lloyd-Baxter (Glynnedd)
909. Nerys O'Beirn (Blaenau Ffestiniog)
910. Nerys Rhys (Pontardulais)
911. Nerys Williams (Dwyfor)
912. Nerys Williams (Llannerchymedd)
913. Nest Howells (Tŷ-croes, Sir Gâr)
914. Nest Vaughan Evans (Edeirnion)
915. Nest Wyn Jones (Y Felinheli)
916. Nesta Davies (Môn)
917. Nesta Jones
918. Nesta Wynne (Môn)
919. Netta Pritchard (Mynytho)
920. Nev Evans
921. Nia Angharad Morgan Mears (Gwauncaegurwen)
922. Nia Appleby (Abertawe)
923. Nia Clwyd Owen (Llanrwst)
924. Nia Edwards (Corris)
925. Nia Einir Williams (Waunfawr)

926. Nia Eleri Besley (Cwmtawe)
927. Nia Evans (Ffostrasol)
928. Nia Evans (Hen Golwyn)
929. Nia Lloyd (Cwm Gwaun)
930. Nia Lloyd Pattinson (Penrhyn Llŷn)
931. Nia Lloyd Williams (Dyffryn Clwyd)
932. Nia Llwyd Lewis (Ynys Môn)
933. Nia Llywelyn (Ceredigion)
934. Nia Mai Daniel
935. Nia Mair (Cwm Gwendraeth)
936. Nia Mair Watkin Powell (Nanmor)
937. Nia Marshall Lloyd (Wrecsam)
938. Nia Morgan (Meirionnydd)
939. Nia Roberts (Bryneglwys)
940. Nia Teleri Lewis (Dyffryn Ardudwy)
941. Niameurig Royles (Sir y Fflint)
942. Nicholas Daniels (Llangennech)
943. Nici Sion (Bethesda)
944. Nigel Roberts (Llanfechell)
945. Niic Jones (Dinbych)
946. Non Huws (Môn)
947. Non Watcyn Jennings (Môn)
948. Nonn Rice (Abertawe)
949. Nonna Owen (Aberystwyth)
950. Nora Jones (Blaenau Ffestiniog)
951. Norman Chamberlain
952. Nuri Hughes (Yr Ariannin)
953. Olga Wyn Thomas (Llanwnda)
954. Olwen Evans (Gwalchmai)
955. Olwen Fôn Williams (Bala)
956. Olwen Jones (Dinas Mawddwy)
957. Olwen Jones (Talsarnau, Ardudwy)
958. Olwen Stevenson
959. Osian Owen (Arfon)
960. Osian Williams
961. Oswyn Williams (Gwalchmai)
962. Owain Alwyn Pritchard
963. Owain Llŷr (Llanwennog)
964. Owen Morgan (Aberteifi)
965. Owen Saer
966. Pam Hughes (Llanystumdwy)
967. Patricia Davies (Rhydaman)
968. Patricia Ramos (Patagonia)
969. Paul Birt
970. Alun Hughes Williams (Llanfairpwll)
971. Paul Evans (Tremadog)
972. Paul Griffiths
973. Paul Morris (Brynaman)
974. Paul Parry
975. Gareth Glyn
976. Paul Sambrook (Eglwyswrw)
977. Paula Roberts (Dyffryn Peris)
978. Pauline Lewis (Môn)
979. Pedr ap Ioan (Cwm Gwendraeth)
980. Pedr ap Llwyd (Aberstalwm)
981. Peggy Fitzpatrick
982. Peggy Fitzpatrick (Bro Morgannwg)
983. Pegi Gruffydd (Penrhyn Llŷn)
984. Peredur Glyn Webb-Davies (Môn)
985. Peter Bradley
986. Peter Evans (Llandysul)
987. Peter Rees (Tymbl)
988. Phil Davies (Llandysul)
989. Phil Jones (Llanpumsaint)
990. Phil Lewis (Llandybïe)
991. Philip Williams (Dyffryn Nantlle)
992. Phylip Brake
993. Poppy Jones (Abertawe)
994. Pryderi Jones (Llannerch-y-medd)
995. Pugs Pugh (Trawsfynydd)
996. Rachel Davey Carter (Abertawe)
997. Rachel Perkins (Cwm Nedd)
998. Rachel Williams (Deiniolen)
999. Rebecca Harries (Llandybïe)
1000. Rex Caprorum (Sir Gâr)
1001. Rh Roberts (Corwen)
1002. Richard Derwyn Jones Dryw (Pwllheli)
1003. Richard Eynon Huws (Sir Gaerfyrddin)
1004. Richard Gwyn Carr (Arfon)

1005. Richard Howe
1006. Richard Jones (Blaenau Ffestiniog)
1007. Richard Lawson (Moel Tryfan)
1008. Richard Parry Hughes
1009. Rish Griffith (Llangefni)
1010. Rob Sciwen
1011. Rob Smith (Blaenau Gwent)
1012. Robat Ap Tomos (Rhoshirwaun)
1013. Robert Boyns (Cydweli)
1014. Robert Davies (Llambed)
1015. Robert John Roberts (Blaenau Ffestiniog)
1016. Robert Lewis (Rhaeadr Gwy)
1017. Robert Mabbott
1018. Robert Rhys (Llangyndeyrn)
1019. Robert Williams (Gwynedd)
1020. Roger Hayward (Corwen)
1021. Romeñ Ar Bloaz (Llydaw)
1022. Rose Davies (Llambed)
1023. Roselie Gardner (Glan Conwy)
1024. Rosemary Barry (Môn)
1025. Rosie Whiting (Garndolbenmaen)
1026. Rowena Griffith (Nefyn)
1027. Russell Jones (Cwm Rhymni)
1028. Ruth Jên Evans (Cefn-llwyd, Ceredigion)
1029. Ruth Jones (Llangefni)
1030. Ruth Lloyd (Llanwrtyd)
1031. Rhi NM (Bro Cernyw)
1032. Rhian Dafarn (Aberdaron)
1033. Rhian Elen Jones (Yr Wyddgrug)
1034. Rhian Evans (Dinbych)
1035. Rhian Evans-Hill (Rhiwlas)
1036. Rhian L Thomas-Dyson (Caerfyrddin)
1037. Rhian Lewis (Aberystwyth)
1038. Rhian Lloyd James (Aberdar)
1039. Rhian Lloyd Jones (Meirionnydd)
1040. Rhian Mair (Cil-y-cwm)
1041. Rhian Mills (Môn)
1042. Rhian Olwen McGoldrick
1043. Rhian Roberts (Porthmadog)
1044. Rhian Thomas (Brynaman)
1045. Rhian Widgery
1046. Rhian Wyn Jones (Caerfyrddin)
1047. Rhiannon Charlton (Amlwch)
1048. Rhiannon DL (Pencader)
1049. Rhiannon Humphreys (Llambed)
1050. Rhiannon Price (Llanelli)
1051. Rhiannon Roberts (Penrhyndeudraeth)
1052. Rhiannon Rowley (Llandeilo)
1053. Rhiannon Thomas (Môn)
1054. Rhianwen Williams (Caernarfon)
1055. Rhidian Huw Evans (Aberteifi)
1056. Rhisiart Dafys
1057. Rhobert Wyn Evans (Ceredigion)
1058. Rhian Williams
1059. Rhobyn Price-Williams (Brynaman)
1060. Rhod Lloyd (Gorllewin Morgannwg)
1061. Rhodd Wyn Roberts (Amlwch)
1062. Rhodri Hampson-Jones
1063. Rhodri Hughes (Llandudno)
1064. Rhodri Williams (Pontarddulais)
1065. Rhodri Wyn (Ystradgynlais)
1066. Rhydian Elis Fitter
1067. Rhŷn Ap Glyn Williams (Penrhyn Llŷn)
1068. Rhys Bevan
1069. Rhys Bowen (Meirionnydd)
1070. Rhys Bowen (Wrecsam)
1071. Rhys Colnet (Cwm Gwaun)
1072. Rhys Lewis (Caerffili)
1073. Rhys Llywelyn Williams (Nefyn)
1074. Rhys Morgan (Llangefni)
1075. Rhys Williams (Llanelli)
1076. Sali Wyn Islwyn (Cwm Tawe)
1077. Sally Rowe (Casnewydd)
1078. Sara Bowen Oliver (Arfon)
1079. Sara David (Pontarddulais)

1080. Sara Down-Roberts (Llangeitho)
1081. Sara Grim (Cwm Gwaun)
1082. Sara John (Castell-Nedd)
1083. Sara Thomas (Sir y Fflint)
1084. Sarah Canning (Cwm Gwendraeth)
1085. Sarah Carden (Yr Wyddgrug)
1086. Sarah Dawn Parri Sawdon (Ceredigion)
1087. Sarah Ebenezer Baker (Glynebwy)
1088. Sarah Fidal (Llansilin)
1089. Sarah Hopkin (Brynaman)
1090. Sarah Jackson (Pontyberem)
1091. arah Roberts (Pencaenewydd)
1092. Sarah Tyler
1093. Sean Driscoll
1094. Selina Jones (Pwllheli)
1095. Selwyn Thomas (Penrhyn Llŷn)
1096. Sera Cracroft (Conwy)
1097. Seren Hâf (Y Rhondda)
1098. Shan Ashton (Pontrhydfendigaid)
1099. Shân Rowlands (Sir Ddinbych)
1100. Sharon Barnett (Treforys)
1101. Sharon E. Jones (Môn)
1102. Sharon Eleri Harries (Sir Benfro)
1103. Sharon Morgan (Cwmaman)
1104. Sharon Williams
1105. Sheila Birkhead (Hen Golwyn)
1106. Sheila Owen (Môn)
1107. Sian Bebb (Tregaron)
1108. Sian Beidas (Môn, etc.)
1109. Sian Edwards-Poole
1110. Siân Eleri Roberts (Ponttyweli)
1111. Sian Evans (Nefyn)
1112. Sian Henderson (Marchwiel)
1113. Sian Howells (Gorseinon)
1114. Sian Jones (Gwaunysgor)
1115. Sian Jones (Llanelli)
1116. Sian Mair Williams (Y Felinheli)
1117. Sian Max – Beynon (Llandudoch)
1118. Siân Merlys
1119. Siân Morgan-Lloyd (Caernarfon)
1120. Sian Northey
1121. Sian Phillips Jones
1122. Sian Roberts (Yr Wyddgrug)
1123. Sian Teleri Jones Wynne
1124. Siân Thomas (Cwm-gors)
1125. Sian van Es (Caerfyrddin)
1126. Sian Wheldon (Pwllheli)
1127. Sian-Elin Jones (Hendygwyn)
1128. Siôn Amlyn (Trefor)
1129. Siôn Edwards (Cil-y-cwm)
1130. Sion Goronwy (Rhyduchaf)
1131. Siôn Meredith
1132. Sion Myfyr Williams (Llanberis)
1133. Siôn Woods (Rhydaman)
1134. Sioned Ann Williams (Cwm Rhymni)
1135. Sioned Camlin (Dyffryn Banw)
1136. Sioned Hedd (Llansannan)
1137. Sioned Mair Owen (Rhuthun)
1138. Sioned Meri Edge (Dyffryn Nantlle)
1139. Sioned Trick (Creunant)
1140. Sioned Williams (Môn)
1141. Siwan Menez
1142. Siwsan Miller
1143. Sôl D H Williams (Eifionydd)
1144. Stan Massarelli (Penrhyn Llŷn)
1145. Ste Ffan (Sir Gâr)
1146. Steff Rees (Pontyberem)
1147. Steffan Ab Elystan
1148. Stephney Davies (Cwmllynfell)
1149. Steve Hewitt
1150. Steve Thomas (Ceredigion)
1151. Stuart Lloyd (Wrecsam)
1152. Sue Rowlands (Y Bala)
1153. Sulwen Vaughan
1154. Summer Breeze (Corwen)
1155. Susan Lorraine Page (Castell Nedd)
1156. Sydney Davies (Dolwyddelan)
1157. Sylfia Fisher Tiwtor (Môn)
1158. TA Evs (Caernarfon)
1159. Tecwyn Evans
1160. Tecwyn Owen (Môn)

1161. Tegau Andrews (Aberteifi)
1162. Tegwen Alaw Parri (Dyffryn Nantlle)
1163. Tegwen Haf
1164. Terry Marsh (Môn)
1165. Terwyn Tomos (Clydau)
1166. Thomas Moseley (Llanbadarn Fawr)
1167. Thomas Williams (Bangor)
1168. Tiwtor Ann (Dre-fach Felindre)
1169. Tom Lew (Meirionnydd)
1170. Tomos Gruffydd (Castellhaidd)
1171. Tomos Huw Williams (Trefor)
1172. Tony McNally (Llanbedr-goch)
1173. Trefor Alun (Môn)
1174. Trefor Williams (Dwyfor)
1175. Tudur Parry (Penrhyn Llŷn)
1176. Twm Elias (Llanrug)
1177. Twm Jones (Y Bala)
1178. Una Fromel (Môn)
1179. Valmai Davies (Penrhiw-llan)
1180. Veronica Griffiths
1181. Vivien Lee (Brynaman)
1182. Vivienne Jenkins (Pen-y-bont ar Ogwr)
1183. Wendy Rhodes (Llanllwni)
1184. Wendy Thomas (Sarn Mellteyrn)
1185. Wenna Williams (Arfon)
1186. Wil Bing Owen (Aber-erch)
1187. Wil Griffiths Mêl
1188. Wil Morus Jones (Trefor)
1189. Wil Williams (Y Felinheli)
1190. Will Hughes (Môn)
1191. William Aled Jones (Llanberis)
1192. William R Locke (Creunant)
1193. Wmffre Davies (Pont-siân)
1194. Wyn Owen (Amlwch)
1195. Wyn Williams (Rhymni)
1196. Y Diweddar Towyn Jones (Castellnewydd Emlyn)
1197. Yan James (Cwm Tawe)
1198. YthDel Robs
1199. Yvonne Davis (Dre-fach, Llanelli)
1200. Yvonne Lloyd-Jones (Aber-soch)
1201. Ywain Myfyr (Dolgellau)
1202. ZDëẅï Jöñēś (Caernarfon)

LLYFRAU LLAFAR GWLAD

94

# AmrywIAITH
Blas ar dafodieithoedd Cymru

Be oedd hynna? *Be oedd y gair yna?*
Arllwys Tollti Tywallt   Shwt ych chi'n wilia?
Whedel yr hen bobol   Chadal Nain
Be welsoch chin gwmwst   Ys gweton nw
Be ti'n fwydro?   Ys gweton ni yn ein cwm ni
Iaith Cofis   Mynte Wncwl Wil   Siarad Hwntws
Dyna dan ni'n ei alw fo ffordd yma   Iaith Cardis
Sut ti'n deud?   Bachgen Hogyn Crwt Rocyn
Mochyn daear Pry llwyd Broch   Siarad Gogs

# Dr Guto Rhys

Casgliad o eiriau tafodieithol,
geiriau newydd a thrafodaeth fywiog
o bob math am yr iaith Gymraeg